数字化思维下
职业院校转型与重塑

吴宏飞　张鹏　著

东南大学出版社
SOUTHEAST UNIVERSITY PRESS
·南京·

图书在版编目(CIP)数据

数字化思维下职业院校转型与重塑 / 吴宏飞,张鹏著. -- 南京:东南大学出版社,2025.5. -- ISBN 978-7-5766-2102-0

Ⅰ.G719.21-39

中国国家版本馆 CIP 数据核字第 2025G0U369 号

策划编辑:邹垒　责任编辑:褚婧　责任校对:子雪莲　封面设计:毕真　责任印制:周荣虎

数字化思维下职业院校转型与重塑

Shuzihua Siwei Xia Zhiye Yuanxiao Zhuanxing Yu Chongsu

著　　者:吴宏飞　张　鹏
出版发行:东南大学出版社
出 版 人:白云飞
社　　址:南京市四牌楼2号　邮编:210096　电话:025-83793330
网　　址:http://www.seupress.com
经　　销:全国各地新华书店
排　　版:南京布克文化发展有限公司
印　　刷:南京京新印刷有限公司
开　　本:718 mm×1000 mm　1/16
印　　张:12.75
字　　数:210 千
版 印 次:2025 年 5 月第 1 版第 1 次印刷
书　　号:ISBN 978-7-5766-2102-0
定　　价:48.00 元

本社图书如有印装质量问题,请直接与营销部联系(电话:025-83791830)

序一

作为深耕人工智能领域二十载的践行者,我亲历了数字化浪潮从涓涓细流到惊涛裂岸的蜕变。从算法迭代到产业重构,从技术突围到生态构建,这场由代码与数据驱动的文明跃迁,正以摧枯拉朽之势重塑每个行业。当众多教育从业者仍在争论"技术赋能"与"教育本质"的辩证关系时,《数字化思维下职业院校转型与重塑》犹如破晓之光,用体系化的理论框架与实践智慧,给出了职业教育数字化转型的"中国解法"。

本书的独特价值,在于将顶层战略与基层实践熔铸为可复制的转型范式。作者以威海海洋职业学院的数字化转型为样本,既展现了"党建引领+数字基因"的治理智慧,又揭示了"数据驱动+人文关怀"的平衡艺术,这正是科大讯飞在人工智能技术推广与应用中反复验证的黄金法则——做有温度的技术。书中对"数字基座建设"的技术解构,与企业构建AI中台的逻辑异曲同工;而对"教学新业态创设"的探索,更与我们在智慧城市建设中强调的"场景革命"理念深度共鸣。

作为见证过三次技术浪潮的从业者,我特别赞赏书中对"转型辩证法"的深刻把握。当教育界困于"技术至上"与"人文缺失"的争论时,作者提出"用数字技术托起'稳稳的幸福'",这与企业数字化转型中"效率提升与员工体验并重"的管理哲学不谋而合。书中呈现的"九维革新路径",既包含"少林拳"式的精准施策,更蕴含"八卦掌"式的生态重构。这种刚柔并济的转型智慧,恰是头部科技企业在AI革命中淬炼出的生存法则。

在DeepSeek等大模型重构知识生产方式的当下,本书展现的前瞻性令人振奋。它没有止步于技术应用的浅层讨论,而是深入解剖"数字思维基因"的培育机制:从治理结构的"数据毛细血管"搭建,到教学场景的"数实融合"再造,处处体现着对教育规律的敬畏与创新。这种既敢"破界"又能"守正"的转型哲学,正是破解"科林格里奇困境"的密钥。

数字化转型从来不是技术的独舞,而是认知革命的交响。本书作者以

"铺路砖"的谦逊姿态,将转型阵痛中的思考结晶无私分享。这些凝结着基层智慧的实践图谱,既为职业院校提供了转型导航,也为科技企业理解教育数字化痛点开辟了新视角。当数字中国的蓝图徐徐展开,这本著作的价值必将随时间推移愈发闪耀——因为它不仅记录了职业教育拥抱时代的勇气,更镌刻着中国教育工作者在技术洪流中守护育人初心的智慧。这,正是所有数字化转型探索者最珍贵的精神底色。

陈 涛
(科大讯飞联合创始人、前轮值总裁)
2025 年 3 月

序二

数字技术尤其是人工智能技术的迅猛发展正在深刻重塑人类社会的运作逻辑。从工业4.0的智能生产到元宇宙的虚实共生,从ChatGPT的语义理解与文本生成到DeepSeek的逻辑推演与外显化,技术革命迫使教育领域必须直面一个关键命题:职业院校如何在数字技术的发展中重构自身价值,实现从"适应者"到"引领者"的跃迁?威海海洋职业学院的数字化转型实践,体现了对这一时代命题的前瞻性思考与探索。

初访威海海洋职业学院时,我深刻感受到一种"思维变革"的力量。宏飞书记及其团队并未将数字化简单等同于硬件升级或系统搭建,而是深度审视技术革命对教育本质的深远影响。在职业院校数字校园建设实验校项目推进过程中,宏飞书记对数字化思维变革的深刻见解令我印象深刻。他敏锐捕捉到了数字化转型的底层逻辑——"数字化思维"。这一认知的高度,使得数字校园建设超越了"技术本位"框架,转而聚焦于"数字思维"的核心培育。正是他对数字化转型与教育重塑的执着追求,赋予了威海海洋职业学院在数字化浪潮中脱颖而出的关键动力。当前,许多院校仍在探讨"如何用技术优化课堂",而威海海洋职业学院已经着手探索"如何通过数字思维重塑育人生态"。

数字化转型不仅仅是技术的革新,更是组织与文化层面的深度变革。在这本书中,威海海洋职业学院的实践为我们提供了组织变革的新思路。该思路超越了"技术赋能"这一表层逻辑,深入探讨了教育数字化中组织转型的核心——通过数据流动打破组织壁垒,通过算法迭代实现智能治理,最终实现从"经验主导"到"数智融合"的决策范式跃迁。数字治理已成为威海海洋职业学院高质量发展的重要保障。数字化组织转型不仅成为学院发展的新亮点,更成为其持续创新的新动力。

在本书中我们还可以感受到威海海洋职业学院推进数字化转型过程中"以人为本"的价值追求。在教育领域充斥着"技术赋能"的浮躁氛围中,他们始终坚守"技术服务于人"的价值底线:在虚拟仿真实训中保留工匠精神的温度,在智慧课堂建设中加强师生对话的深度,在数字治理体系中凸显教育公平的刻度。不是单纯依赖数据"等靠要",而是要在获取、分析、运用数据的基础上激发人的能动性和创新性。这种"技术理性"与"教育初心"的辩证统一,使得威海海洋职业学院的数字化转型呈现出独特的人文关怀——既拥抱技术的颠覆性创新,又坚守职业教育育人的本质。

本书的珍贵之处在于,它并非一味理想化的蓝图描绘,而是扎根实践的变革指南。从数字教学资源的标准重构到混合教学质量的诊改,从智慧学习平台的生态建设到数字素养的提升与评估,从数据治理到智慧决策等,威海海洋职业学院以可复制的实践经验证明:数字化转型的关键突破点不在于资金投入的多寡,而在于能否通过数字化思维推动创新发展。这些实践智慧为职业院校破解"重硬件轻软件""有数据无智慧""强管理弱服务"等普遍困境提供了切实可行的宝贵经验。

这本书不仅记录了威海海洋职业学院数字化转型的历程,更为职业院校的未来发展给予了深刻的洞察。它告诉我们,当数字技术深度解构传统的教育时空边界时,唯有主动拥抱教育数字化的到来,借助"数字思维",以刀刃向内的勇气推进组织变革、文化重塑和模式创新,才能真正实现数字化转型的质变。期待威海海洋职业学院的探索能激荡起更多教育创新者的思想火花,共同书写中国职业教育数字化和智能化的新篇章。

于清华大学教育研究院
2025 年 3 月

自序

一块砖，铺在转型的路上

当蒸汽机的轰鸣拉开工业文明的帷幕，当电力之光点亮现代社会的图景，人类文明的每一次跨越都镌刻着技术革命的烙印。现在，数字技术正以前所未有的速度重塑世界，数字化转型成为顺应和把握世界科技革命和产业变革大趋势的必然选择。

《中共中央关于进一步全面深化改革 推进中国式现代化的决定》提出，推进教育数字化，赋能学习型社会建设，加强终身教育保障。职业教育必须应时代要求，乘数字之翼，秉持立德树人理念，尊重教育规律，培育堪当大任的时代新人。

思维决定行为和结果。推动数字化转型，既需要聚焦数字技术的运用，更需要关注思维方式与数字技术和环境的匹配，避免"事倍功半"。近年来，威海海洋职业学院在教育数字化的浪潮中，从改变自己开始，勇敢迈出舒适区，主动拥抱虽不确定但充满无限可能的数智新时代，从思维变革起步，开启全方位的数字化转型探索和实践。

我们对教育数字化转型满怀信心。一是国家对职业教育的高度重视以及一系列利好政策的出台，为数字化转型提供了坚实的政策保障。二是云计算、大数据、人工智能、区块链和元宇宙等数字技术的不断进步，为教育的数字化转型提供了强大的技术支撑。三是学校在实践探索的基础上，对推进职业教育数字化转型进行了深刻的反思和探究，全体师生积极探索、勇于创新的精神成为推动转型的强大内在动力。

数字化转型，既是攻坚战，更是持久战。使用旧地图找不到新大陆，绘就好新地图并不简单。职业院校数字化转型过程往往牵一发而动全身，这就意味着数字化进程难以毕其功于一役。数字化路径探索少有可供借鉴的普适性范式,不同院校的数字化方案不能简单迁移。我们认为数字化思维应具有多维创新、开放跨界、数据驱动、迭代优化、逻辑化简和注重人本的特征。我们通过剖析数字化思维的内涵与特征,聚焦"以教育数字化开辟发展新赛道、塑造发展新优势"的实践路径,结合学校真实案例,以思想革新为先导,以素养提升为基础,以治理变革为保障,以教学重塑为核心,以人本关注为根本,以服务升级为支撑,推动教育理念更新、模式变革、体系重构,打造学校高质量发展新引擎。通过数字化转型和实践,我们希望能更好地发掘高等职业院校数字化转型的特色之路,更好地与徐徐展开的数字中国、教育强国建设画卷相呼应。

数字化转型没有标准答案,但拒绝转型注定被时代抛离。这场变革既需要理性计算、精准应用的"少林拳",更呼唤突破传统、重构规则的"八卦掌"。我们不一定是数字化转型的成功者,但一定是坚定的探索者和践行者。我们愿意把边思考边实践的体悟作为一块粗糙的砖呈献出来,如果能够拿来铺就一段避免泥泞的小路,或者砌成一截遮挡风雨的矮墙,前期的工作就有了价值。相信所有的职教人都会从思考和实践中感受到数字化转型践行者的心路历程和坚定决心。

感谢王星淘、周承凯、王乾亮、马永涛、张华芹、谷建萍、陈志兵、王军强、童红兵、于春晓、杨磊、王保卫、刘昌状、张涛、刘文峰、钱佳、刘璐、王磊、栾会妮、孙凯、张琛、王文强、康晓、郑蔚、康彬、孙明彩等,他们利用工作之余全情投入,付出了辛勤的努力。感谢每一名师生,他们踊跃参与学校数字化实践,创造出了丰富的实践场景和案例。

教育部职业教育与成人教育司、教育部教育管理信息中心、山东省教育厅职业教育处和数字教育处、教育部职业院校信息化教学指导委员会提供了政策指导、技术支持和平台建设方面的帮助,确保学校能够顺利推进数字化转型工作。清华大学教育研究院韩锡斌教授团队、北京师范大学信息化建设办公室孙秋瑞高级工程师提供了专业指导,确保本书内容的科学性。在此,一并致以诚挚的谢意。

数字时代的大幕才刚刚拉开,高等职业教育数字化创新模式、案例不胜枚举。由于作者的视野和水平局限,书中不足及错误之处在所难免,敬请专家和读者批评指正!

在本书即将付梓之际,中国 AI 公司 DeepSeek 凭借其低成本、高性能的 AI 模型，在全球范围内引发了广泛关注。DeepSeek 的来临将极大改变甚至颠覆我们的想象，机会将更加青睐勇于探索者和善于创新者。

让我们一起开启数字化转型的探索之旅，共同谱写数字时代教育的新篇章！

吴宏飞

2025 年 3 月

目录

源起篇

第一章　职业教育数字化转型的背景 …………………………… 003
　第一节　经济、社会及技术发展背景 …………………………… 003
　第二节　职业教育自身发展背景 ………………………………… 008

思辨篇

第二章　用数字化思维重塑职业教育新生态 …………………… 015
　第一节　数字化思维的内涵及特征 ……………………………… 015
　第二节　数字化思维对职业教育的生态重塑 …………………… 021

实践篇

第三章　思想革新：以自我革命破除藩篱重构究竟 …………… 031
　第一节　党建引领，塑造数字化思维共识 ……………………… 033
　第二节　顶层设计，实施数字化转型工程 ……………………… 040
　第三节　全程浸染，厚植数字化文化基因 ……………………… 044

第四章　素养提升：全面推进人的数字化赋能 ………………… 049
　第一节　提升学生的数字能力与潜力 …………………………… 050
　第二节　深化教师的数字素养与赋能 …………………………… 058
　第三节　铸就专业团队的数字支撑力 …………………………… 063

第五章　治理变革：探索契合数字化思维的学校治理体系 …… 066
　第一节　优化治理结构，提升学校治理效能 …………………… 068
　第二节　建强协同机制，构筑管理服务新范式 ………………… 075
　第三节　数据治理赋能，实现管理数据价值化 ………………… 080

第六章　教学重塑：创设协同化教学新业态 …… 089
 第一节　多元协同，驱动教学理念重塑 …… 089
 第二节　数实融合，推进专业数字化转型升级 …… 096
 第三节　数智赋能，加速课程教学数字化迭代 …… 109

第七章　人本关注：强化数字化转型中人的体验 …… 119
 第一节　数字人文，促进科技与人和谐交响 …… 119
 第二节　融合创新，用数字技术托起"稳稳的幸福" …… 121
 第三节　智慧共生，不负师生的幸福期待 …… 130
 第四节　为人而转，塑造有温度的数字体验 …… 143

第八章　服务升级：推动技术服务与应用的数字化转型 …… 146
 第一节　立足海洋战略，服务海洋产业发展 …… 146
 第二节　推动社会服务，促进区域发展和乡村振兴 …… 153
 第三节　加快职教出海步伐，促进国际合作交流 …… 163

第九章　技术架梁：夯实数字基座建设 …… 166
 第一节　数字基础支撑环境的演化升级 …… 166
 第二节　数字校园建设与升级 …… 168
 第三节　网络安全和数据安全体系的迭代升级 …… 177
 第四节　人工智能技术在数字化转型中的应用与探索 …… 180

畅想篇

第十章　着眼未来，一起展望 …… 185

参考文献 …… 189

源起篇

第一章　职业教育数字化转型的背景

加快数字化发展，全面推进"数字中国"建设，是党中央立足新时代、着眼全面建成社会主义现代化强国作出的战略部署。这一战略顺应了新一轮信息技术革命的浪潮，为我国各领域的发展带来了深刻变革。

职业教育作为培养高技能人才的关键阵地，其数字化转型不仅是顺应时代发展形势的必然选择，更是提升教育质量、促进学生全面发展、推动教育公平、构建终身学习体系的重要举措。

第一节　经济、社会及技术发展背景

一、经济发展背景

（一）产业转型与升级

在经济快速发展的大背景下，我国传统产业正加速向智能化、数字化、高端化、绿色化方向迈进。这一转型升级进程对高技能人才的需求日益迫切，他们不仅需要掌握传统专业技能，还应具备出色的数字素养和创新能力。

在人工智能领域，智能机器人的研发、智能语音识别系统的开发等工作离不开专业技能人才的支持。这些人才既要精通编程技能，也要深入理解人工智能算法。与此同时，大数据产业的蓬勃发展同样需要大量的数据分析人才，他们应能熟练运用数据分析工具，从海量的数据中提取有价值的信息，为企业的决策提供支持。此外，云计算作为新兴信息技术，可以为企业提供高效、灵活的计算资源，云计算工程师则需要掌握网络技术、服务器管理等多方面的专业知识。

同样,传统产业也在借助数字化技术悄然进行改造升级。例如,制造业通过引入工业互联网、智能制造、柔性制造等技术,实现生产过程的自动化和智能化。这就急需大量既精通传统制造技术又掌握数字化技能的复合型人才。这些人才能够在生产一线发挥关键作用,推动企业的智能化转型。

(二)数字经济蓬勃发展

当下,数字经济已成为全球经济增长的新引擎。它以数字化的知识和信息为核心生产要素,依托现代信息网络,通过信息通信技术的高效应用,推动效率提升和经济结构优化。数字技术在各领域的广泛应用,催生了大量新兴就业岗位和职业机遇,为社会经济发展注入了新活力。

在数字金融领域,众多创新公司将互联网、区块链、大数据、人工智能等前沿数字技术深度融入金融行业,推出新产品、新服务和新业态。银行、保险公司等金融机构也积极应用数字技术,进行流程改造和产品创新,以提升竞争力。培养兼具金融与信息技术能力的复合型人才,已成为数字金融领域发展的重要趋势。

此外,电子商务和数字内容、数字创意等产业也在快速发展,对数字营销、数据分析、数字设计、数字媒体制作等数字型人才的需求日益旺盛。这些数字型人才能够满足产业发展的多样化需求,推动产业的持续创新与发展。

二、社会发展背景

(一)人口结构的变化

当前,我国人口结构呈现出多维度的深刻变革,这对教育领域乃至整个社会的发展产生了广泛而深远的影响。

第一,老龄化进程加速。养老服务、健康科技等老龄产业迅速崛起,成为经济的新增长点。在此背景下,职业教育面临新的使命:一方面,要进行适老化调整,培养适应老龄产业需求的高素质服务与管理人才;另一方面,要开展老年职业教育,帮助老年人跨越数字鸿沟,融入现代生活,掌握新技能,充分享受科技进步带来的红利。

第二,劳动年龄人口持续减少。劳动力供给面临压力,向"人才红利"

转型迫在眉睫。职业教育凭借全民性特点,可以提升技能人才培养质量,延长劳动力平均受教育年限,为"人才红利"奠定坚实基础。

第三,人口流动规模扩大。人口大规模流动,犹如一场影响深远的"迁徙运动",正在重塑城乡人口布局。第七次全国人口普查显示,城镇人口迅速增长,乡村人口减少,主要原因是乡村人口向城镇流动。这不仅改变了劳动力资源的分布,也催生了区域性职业培训需求。

第四,人口产业结构稳步变迁。第一产业从业人口占比下降,第二、第三产业从业人口占比上升,这是经济结构转型升级的体现。构建现代产业体系如箭在弦。一方面,要大力培养精通现代技术的技能型人才,为产业发展注入新鲜活力。另一方面,要推动在职人员技能更新,促进劳动力向高端产业转移。

总之,人口结构的变化给教育事业,尤其是职业教育带来了挑战与机遇。职业教育应顺应人口结构变化趋势,推进教育数字化革新与社会经济数字化转型,实现人口与社会协同发展。

(二)教育公平的追求

习近平总书记强调,教育公平是社会公平的重要基础,要不断促进教育发展成果更多更公平惠及全体人民,以教育公平促进社会公平正义。近年来,我国在推动教育公平方面取得了显著成就,义务教育普及率大幅提高,基础教育普及程度显著提升,高等教育实现精英化与大众化并存。

然而,我国教育公平仍面临一些挑战。区域教育资源分布不均,经济发达地区与欠发达地区差距明显,东部沿海地区学校师资力量雄厚、教学设施先进,而中西部地区学校资源相对匮乏。城乡教育质量差距同样显著,城市学校在教育资源、交通、住宿、教师待遇等方面均优于农村学校。校际教育资源分配不均,重点学校与普通学校资源分配不均衡,影响教育公平的实现。

解决这些问题,进一步提升教育质量,关键在于推进教育数字化转型。利用数字化技术,可使优质教育资源跨越地域限制,实现共享;通过个性化学习和智能化推荐,可为学生提供合适的学习资源,提升学习资源的匹配度和利用效率;借助远程教育技术和在线学习方案,可让乡村学生接触城市优质的教育资源,缩小城乡教育差距;等等。教育数字化转型已成为推进教育系统变革、重塑教育公平格局的关键力量。

（三）终身学习的需求

党的十八大以来，全民终身学习理念逐渐深入人心，学习型大国、学习型社会建设稳步推进。但在现实中，全民终身学习仍面临诸多挑战。

一方面，传统面授学习模式受时间和空间限制。课程时间固定，多在工作日晚间或周末。职场人因工作繁忙、突发情况等常错过课程。课程地点局限于特定教室或培训中心，通勤距离和耗时增加了学习难度。

另一方面，教育资源分布不均。城市高校和培训机构众多、优质课程丰富，而偏远地区师资力量薄弱、资金投入不足、优质课程稀缺，当地学生难以获取优质教育资源。

解决这些问题的关键在于加速推进教育数字化转型。通过数字化手段打破时空限制，实现随时随地学习；通过资源数字化部署，高效传播知识；通过个性化算法，精准匹配学习节奏，满足不同学习者的需求。

三、技术发展背景

互联网、移动终端、大数据、人工智能、云计算、虚拟现实（Virtual Reality，VR）与增强现实（Augmented Reality，AR）等数字技术的发展，为教育数字化转型提供了坚实的技术支撑与广阔的发展空间，推动教育向智能化、个性化、高效化方向发展。

（一）互联网的普及与高速发展

互联网的广泛普及是教育数字化转型的重要基础。如今，网络覆盖范围不断扩大，网速大幅提升，使教育资源能够突破时间和空间的限制，实现快速、高效的传播。教育机构通过网络将优质教学内容、实训案例等精准推送给不同地区、不同层次的学生，实现教育资源的共享与优化配置。在线课程平台的兴起，让学生无论身处何地，只需接入网络，就能随时随地学习各类课程。

（二）移动终端的广泛应用

智能手机、平板电脑等移动终端的普及，为教育数字化转型提供了便捷的载体。移动终端具有便携性、实时性等特点，学生可以利用碎片化时间进行学习。各种教育应用程序（Application，APP）层出不穷，涵盖了从理论学习到实践操作的各个环节。例如,汽修专业的 APP 提供虚拟修车场景,学生可通过移动设备随时随地进行模拟操作练习,提高实践技能。

(三)大数据技术的有力支撑

大数据技术应用于教育领域,能够精准分析学生的学习过程和学习效果。通过收集和分析学生在学习平台上的学习行为数据,如课程点击量、学习时长、答题准确率等,教育者可以深入了解学生的学习特点和需求,为其提供个性化的学习方案和指导。同时,大数据技术还能帮助教育机构优化课程设置和教学内容,提高教学质量和管理效率。

(四)人工智能技术的深度融合

智能辅导系统、虚拟实训助手等人工智能在教育领域的应用日益深化。智能辅导系统可以根据学生的学习进度和遇到的问题,自动提供有针对性的辅导和解答,提高学生的学习效果。虚拟实训助手则可以模拟一对一的教学场景,为学生提供实践操作指导,降低实训成本和风险。例如,在护理专业的虚拟实训中,虚拟助手可以逼真地模拟病患状况,引导学生进行正确的护理操作。

(五)云计算服务的可靠保障

云计算为教育数字化转型提供了丰富的计算资源和强大的存储能力。随着云计算技术的持续创新发展,教育数字化应用得以更加灵活、高效地运行。教育机构无需大量购置硬件设备,只需通过云计算服务,即可快速搭建在线教育平台、存储教学资源等。这不仅降低了教育成本,而且提高了系统的稳定性和可扩展性。

(六)虚拟现实与增强现实技术的创新应用

虚拟现实和增强现实技术为教育带来了全新的教学体验。在航空驾驶、化工操作等高风险、高成本的实训教学中,VR 技术的应用,可以创建逼真的虚拟实训环境,让学生在安全保障下反复练习。在机械制造专业的教学中,AR 技术则可以将虚拟信息无缝叠加到现实场景中,让学生可以通过 AR 设备查看设备的内部结构和工作原理,增强教学的直观性和互动性,提高学生的学习兴趣和理解能力。

第二节 职业教育自身发展背景

国家高度重视职业教育的发展,将其摆在经济社会发展和教育改革创新的突出位置,积极推动职业教育主动适应经济结构调整和产业变革,构建了现代职业教育发展体系,形成了具有中国特色的职业教育发展模式。

在取得辉煌成就的同时,我们也应清醒认识到,数字化转型浪潮带来了新的机遇与挑战。数字化技术既为职业教育课程创新、教学模式革新、校企精准对接提供了新的途径,也对传统职教理念、师资数字素养、教学设施适配性提出了严峻考验。因此,职业教育数字化转型势在必行。

一、政策引领转型

政策在推动职业教育数字化转型中发挥着引领作用,全方位推动职业教育在数字化时代实现新的跨越。

近年来,党中央、国务院以及教育部出台了一系列职业教育改革政策文件,如《国家职业教育改革实施方案》《职业教育提质培优行动计划(2020—2023年)》《关于推动现代职业教育高质量发展的意见》《关于实施中国特色高水平高职学校和专业建设计划(2025—2029年)的通知》等。这些政策的实施,推动着职业教育的高质量发展,重塑着职业教育的各个方面。

在推动教育教学模式变革方面,职业院校需紧跟产业数字化和数字产业化新要求,将人工智能融入专业教学的全过程,探索基于生成式人工智能的互动式教学模式,提升学生的学习效果与实践能力。

在数字化资源建设方面,职业院校要加快数字化资源建设,提高数字化资源的覆盖面;整合优化各类数字化资源,加快薄弱领域数字化资源建设,以满足不同专业、不同层次学生的学习需求。

在提升教育管理信息化水平方面,职业院校应以信息化标杆校建设为契机,构建校本数据中心,完善信息系统关键采集指标,实现对学生、教师、教学行为等全流程、全时段数据的采集监测,为科学管理与决策提供支持。

在教育评价方式改革方面,职业院校要通过数字化手段收集分析学生的学习行为数据,建立更加科学、多元的教学评价反馈机制,实现个性化、精准化评价,为学生的发展提供有针对性的指导。

在培养师生数字化素养与技能人才方面,职业院校要更加注重培养职业教育教师的数字化教学能力,使其能够熟练运用数字化工具与资源开展教学活动,提升教学质量。同时,要着力于培养学生的数字化素养与技能,使学生适应数字化时代的职业需求,具备在数字化环境中工作与创新的能力。

二、产业、行业发展倒逼转型

科技的飞速发展和产业格局的深刻变革,正强力推动着职业教育的数字化转型。

面对产业转型升级的新挑战,职业教育需紧跟产业发展步伐,加快数字化转型,将数字化技术融入各个专业教学中,培养既掌握传统的专业技能又具备编程、数据分析、数字化设备操作与维护等数字化素养和能力的高技能人才。

面对行业变革催生的新职业,职业教育要敏锐捕捉行业变革带来的新职业需求,及时调整专业设置和人才培养方案,借助数字化教学手段,培养学生掌握与新职业岗位相匹配的知识和技能。

面对项目团队工作的新模式,职业教育需要借助数字化教学资源和平台,模拟真实的工作场景,培养学生在数字化环境下的自主学习、问题解决、沟通协作、团队合作、项目管理等综合能力,确保学生能够快速适应产业数字化转型后的工作模式和组织形态。

产业、行业的发展倒逼着职业教育进行数字化转型。职业教育只有顺应这一趋势,才能培养出适应产业升级和行业变革需求的高技能人才,为产业和经济的发展提供有力支撑。

三、规模扩大与质量提升要求转型

(一)职业教育规模扩大要求加速数字化转型

随着经济发展与产业升级,对技术技能型人才的需求持续增长,这推动了职业教育规模的扩大,但也带来了一系列问题。

第一,教学资源不足。生源数量增加,导致教师、实训设备和教学场地供不应求。教师难以做到精细化教学,学生的实操机会减少,教学场地拥挤,这些问题都会影响教学质量。

第二,师资结构性短缺。学生规模扩大,需要大量的专业教师,但目前我国职业教育教师数量不足,师资结构失衡。理论型教师占比偏高,实践型教师紧缺。新入职教师缺乏实践经验,资深老教师需要更新知识技能体系。

第三,管理难度上升。学生数量增加和师资力量不足,对学校管理提出了更高的要求,学生日常管理、教学管理、设施运维和服务保障等工作都面临更大挑战。

(二)职业教育质量提升要求加速数字化转型

随着职业教育规模的不断扩大,大众对其办学质量也寄予越来越高的期望。

产业升级对人才素养提出全新要求。数字化、智能化、绿色化成为产业发展的特征,新技术、新工艺、新设备不断涌现。这就要求职业教育培育的人才不仅要有扎实的专业基础,还要掌握先进的技术技能,具备创新思维,以适应职场变化。

家庭、学生和企业都期盼职业教育质量提升。家庭和学生希望通过职业教育获得优质的教育资源、良好的教学环境和精准的就业指导,实现职业梦想。企业则希望职业院校输送的学生实践能力强、团队协作能力好、职业素养高。

借助数字化转型,可打破时空壁垒,实现教育资源共享,模拟真实生产场景,强化实践教学,精准匹配产业需求与人才培养,全面提升职业教育质量,助力学生成长和产业发展。

四、职业教育国际化发展驱动转型

在全球化浪潮下,职业教育必须通过数字化转型来适应国际化要求。

(一)培养国际化人才需要数字化教学资源

国际经济合作的深化,使得对具备国际视野、跨文化交流能力和专业技能的国际化人才的需求大增。为满足这一需求,职业院校需要借助数字化手段,整合全球优质教学资源。例如,通过在线课程平台引入国外先进的职业技能培训课程、行业标准解读等内容,让学生接触国际前沿知识。

同时，利用虚拟现实、增强现实等数字化技术，模拟国际工作场景，提升学生在真实国际环境中的工作能力。

（二）国际交流合作需要数字化交流平台

职业教育的国际化发展推动了国际院校之间师生交换、联合科研等项目的交流与合作。为此，需要打破时空限制，构建数字化交流平台。一方面，建设在线学习社区，方便国内外师生实时交流学习心得、分享实践经验。另一方面，利用视频会议系统开展远程教学、学术讲座，促进国际教育资源的共享。此外，数字化平台还能为国际合作项目的管理提供便利，实现合作信息的实时更新与跟踪。

（三）对接国际职业标准要求数字化评估体系

为确保职业教育培养的人才符合国际职业标准，需要建立数字化的评估体系。传统的考核方式难以全面评估学生的国际职业能力，而数字化评估系统可以综合运用大数据、人工智能等技术，对学生的学习过程、实践成果、跨文化沟通能力等进行多维度、动态化综合评估。例如，通过在线学习行为分析，了解学生的学习进度和知识掌握情况；利用智能评分系统，对学生的项目作业进行客观、公正的评价，确保评估结果与国际职业标准无缝对接。

职业教育作为与市场结合最紧密的教育类型，数字化转型已成为其发展的必然趋势，但数字化转型并非技术工具的表层应用，其本质是思维范式革命，要求我们跳出传统思维窠臼，加强对数字化思维的研究，深入探讨数字化思维的内涵、特征及其在职业教育中的应用路径。唯有将数字化思维作为底层逻辑，构建理解数字时代的认知框架，形成重塑数字生态的方法论，才能应对未来教育的不确定性，才能让职业教育在数字化浪潮中把握方向、行稳致远。

思辨篇

第二章　用数字化思维重塑职业教育新生态

　　数字技术赋能千行百业，推动万物互联迈向万物智能，成为重组要素资源、重塑组织结构、改变竞争格局的重要力量。2023年2月，中共中央、国务院印发《数字中国建设整体布局规划》，提出"建设绿色智慧的数字生态文明"，强调以习近平新时代中国特色社会主义思想特别是习近平总书记关于网络强国的重要思想为指导，着力推动高质量发展，统筹发展和安全，强化系统观念和底线思维，全面提升数字中国建设的整体性、系统性、协同性。2024年11月，在向2024年世界互联网大会乌镇峰会开幕的视频致贺中，国家主席习近平指出：当前，新一轮科技革命和产业变革迅猛发展，人工智能等新技术方兴未艾，大幅提升了人类认识世界和改造世界的能力，同时也带来一系列难以预知的风险挑战。我们应当把握数字化、网络化、智能化发展大势，把创新作为第一动力、把安全作为底线要求、把普惠作为价值追求，加快推动网络空间创新发展、安全发展、普惠发展，携手迈进更加美好的"数字未来"。

　　当前，数字化转型虽然已经成为各行各业不可或缺的发展策略，但它绝不是拘泥于技术的浅尝辄止，而是一场触及灵魂的思想革新与脚踏实地的变革行动。加快推进数字产业化和产业数字化，需要树立全新的数字化思维，深刻挖掘并理解其内涵特征和框架体系，找准数字化转型的理念、策略和方法路径，重塑高质量发展新生态。

第一节　数字化思维的内涵及特征

　　恩格斯说："每一个时代的理论思维，包括我们这个时代的理论思维，都是一种历史的产物，它在不同的时代具有完全不同的形式，同时具有完全不同的内容。"农耕时代,人们遵循自然规律,形成春播秋收的农耕思维。工业时代,效率和标准化生产成为思维主流。这些思维模式在各自的历史阶段发挥着引导作用。如今,数字经济的蓬勃发展,对传统生产方式和发展模式造成巨大冲击,各行各业必须作出选择,踏上数字化转型之路。

今日的辉煌未必能照亮明天的路。要想推进数字化转型,需要用数字化思维来看待新业态、新技术、新概念,处理好"新"与"旧"的关系:既要防止旧机制对新生元素功能的压制和错用,避免出现"机器人割庄稼"式的滑稽场景(图2-1),又要避免新机制被旧元素掣肘和虚化,产生"穿新鞋走老路"式的问题。必须系统谋划、一体设计,不但要继承过往的成功经验,更要勇于突破传统框架,重新审视数字化转型这一场涉及观念理念、体制机制、管理模式等多方面调整的深刻变革,以新思维、新视野积极融入这场数字化浪潮。

图 2-1 人形机器人收割庄稼

(来源:通过百度 AI 生成)

一、数字化思维的内涵

数字化思维不应是"互联网"思维的简单升级,而应是一种突破传统束缚、多种思维模型和方法叠加优化的综合思维方式。可以尝试将其表述为以数据为要素,以技术作支撑,从人本出发,以问题解决和价值创造为导向,以思维能力螺旋式提升为牵引,通过构建数字环境和场景,运用数字技术和数据分析手段,快速获取、准确分析和整合信息,从而实现高效目标规划、任务推进、过程监督、反馈优化的思维模式。

二、数字化思维的特征

数字化思维不是简单聚焦技术本身,而是更加注重探求事物的底层逻辑和相互间的本质关联,搭建解决问题和创造价值的整体架构。可以通过六个方面的特征,对数字化思维的框架进行理解。

(一)多维创新

数字化思维的落脚点在于运用数字资源和工具来解决问题、创造价值和推动发展。它统揽和编制单一维度思维,在多维度、高维度对目标任务进行流程设计、再造、交叉、融合,以求问题解决方案更具创新性、穿透力,方法路径更加便捷、高效,达到"峰回路转""柳暗花明"的效果。

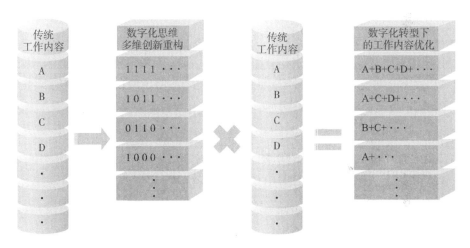

图2-2 多维创新对传统工作的重构示意图①

如图2-2所示,要想推动单位或部门工作内容A、B、C、D等实现融合互动,可以有很多思路和办法。按照数字化思维,基于多维创新理念,对传统单一维度的多个相对独立的工作内容构建"功能矩阵",在多维度上进行筛选、加工、组合甚至反转、延伸等处理,实现不同工作内容或场景的交叉融合,达到功能配置的共享与优化,催生新模式、新业态。

---

① 本书中图片如无特殊说明,均为作者自绘或提供。

（二）开放跨界

数字化思维强调打破传统边界的束缚，从封闭式边界思维转向开放式跨界思维，鼓励不同领域之间资源共享、信息互通、合作共赢，倡导跨界融合，鼓励创新变革，注重事物变化的有效性和可持续性，追求整体最优，以实现资源利用和价值创造的最大化。

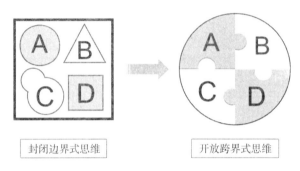

图 2-3　"封闭边界式"思维向"开放跨界式"思维转变示意图

如图 2-3 所示，在"封闭边界式"思维下，A、B、C、D 个体相对独立发展，沟通、配合都存在壁垒或障碍，资源难以有效整合共享。这不仅造成资源的冗余和浪费，也阻碍了整体效能的提升。而数字化思维倡导的开放跨界，强调开放包容与多赢共赢，鼓励跳出固有框架，打破领域界限，推动不同领域间的交流与融合，促进 A、B、C、D 形成合力，实现资源的最大化利用，为整体发展和价值创造提供更多可能。

（三）数据驱动

数字化思维把对数据的驾驭和运用放入了自己的工具箱，改变了传统的单纯依赖经验和直觉的决策和运行模式，突出和强调数据的地位和作用，在经验和直觉的基础上，积极运用数据获得更加客观的问题分析视角，依靠数据预测更加精确的发展态势，通过数据找到事物的外部关系和内在逻辑。

因此，数据驱动下的决策，需要通过数据平台整合不同渠道的信息资源，进行充分的数据收集、处理，采用数字分析工具进行深度挖掘，以保证组织或决策者充分了解显性的环境条件和隐性的关系规律，精准预测发展趋势，更早发现"黑天鹅"，更好规避"灰犀牛"，推动预期目标的顺利实现。

(四)迭代优化

数字化思维强调动态迭代,注重不断优化。通过迭代,可以不断检验整体架构的合理性,及时发现和纠正错误,迅速调整或重构策略,保障工作的持续连贯和整体方案的优质生成。

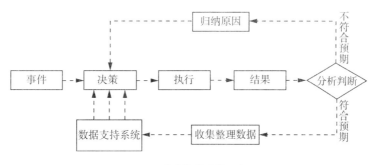

图 2-4 "迭代优化"示意图

如图 2-4 所示,在数字化思维模式下,对一个事件的决策或推动运行的过程以数据支持系统为基础,由决策、执行、结果、分析判断、收集整理数据或归纳原因等几个环节和步骤组成,形成了一个完整的闭环。通过收集、整理和分析大量数据,帮助决策者发现潜在的趋势和规律,识别可能影响执行和结果的关键变量,作出合理的决策并推动执行;对执行过程及结果进行分析判断,如不符合或不完全符合预期目标,则归纳原因并进行决策调整;如符合预期目标,则收集整理执行过程产生的新数据和结果数据,进一步丰富完善数据支持系统,为后续决策提供更加科学合理的数据依据。

(五)逻辑化简

数字化思维一定不是复杂化思维,它更加追求化繁为简、探求本质,善于将表面看似关系复杂的问题,抽丝剥茧般地梳理出内在逻辑,聚焦关键要素,运用规则或算法构建核心模型,化简出事物的底层逻辑或真相,作出精准的判断和决策。

如图 2-5 所示,左半部分存在 A、B、C、D、E、F、G 等多个要素或环节,呈现出复杂的关系表象,往往容易造成"不识庐山真面目"的结果。这不仅增加了沟通成本,还可能使信息失真,增加出错概率,大大降低工作效率。而数字化思维则要求拨开要素间的关联表象,梳理出要素间的本质联系,

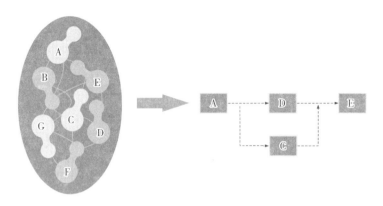

图 2-5 "逻辑化简"示意图

聚焦核心任务和目标,关注核心要素,找出内在底层逻辑,化简出右半部分的真实逻辑关系,使高效率、高质量完成任务成为可能。正如在逻辑代数中,常常可以将复杂的函数 $Y=ABC+ABD+AC'D+C'D'+AB'C+A'CD'$,通过逻辑运算直接化简为 $Y=A+D'$。这使逻辑关系更加简化,要素关系更加清晰。

（六）注重人本

数字化思维坚持以人为本的价值取向,要求数字化转型过程中必须体现和融入更多、更深层次的人文关怀,确保数字技术发展服务于人的全面发展,共同拥抱以人为本、智能向善的数字未来。

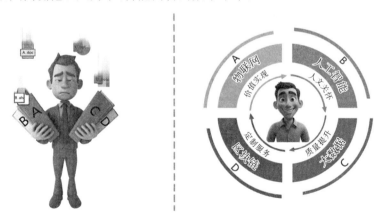

图 2-6 "注重人本"示意图

如图 2-6 所示，许多人对数字化转型存在认识误区，认为数字化转型仅仅是一种简单的工作方式转换，或者是传统方式与数字化方式的"双轨制"。他们认为数字化转型就是在原有 A、B、C、D 等事项上，再增加一套 A. doc、B. xls、C. ppt、D. note……觉得工作烦琐，自找麻烦。而真正的数字化转型应该是一场深刻的思维和文化变革，即借助数字技术之力，注入人文关怀，更好地服务于人的需求和发展。数字化转型让人工智能、大数据、物联网等数字技术成为连接人与服务、满足个性化需求的桥梁，通过数字化手段提供定制化的服务，提升工作效率和生活质量，促进人的全面发展。

数字化思维作为一种综合性的思维模式，呈现出多维创新、开放跨界、数据驱动、迭代优化、逻辑化简及注重人本六个方面的特征，且相互间存在着紧密的内在联系。多维创新是数字化思维的本质属性，开放跨界是突破思维边界、构建创新思维模式的重要途径，创新过程需要通过数据驱动为分析决策提供全新视角，借助迭代优化、逻辑化简，从而趋近事物的本质，凝练最佳方案，最终服务于人的全面发展。这六大特征相辅相成、环环相扣，构成了数字化思维的有机整体。

第二节　数字化思维对职业教育的生态重塑

数字化使得一切皆可连接与呈现、一切皆可重新定义成为可能，教育领域亦不例外。职业教育作为与经济社会和产业发展关系最紧密、最直接的教育类型之一，正处于提升质量、优化结构、增强价值和赋能的机遇期，以及改革深化、突破难关的关键期。

在数字化时代，职业教育虽然面临转型的严峻挑战，但更能获得转型的巨大潜在价值。因此，职业教育必须准确把握变化、科学应对变革、积极寻求创新，树牢数字化思维，以数智技术的认识和运用为先导，充分挖掘数字化教育资源，下大气力对传统教学理念、学校治理、应用服务等进行全方位的重塑和调整，构建产教融合的职业教育新生态。

一、以"思"为先，革新和重塑职业教育思维认知

思想是行动的先导，共识是实践的动力。职业教育要在数字化浪潮中

立足并脱颖而出,必须把解放思想作为先手棋,解开束缚,打开视野,放开手脚,以思想认知革新顺应时代发展趋势,坚守教育本质,保持职业教育特质,确保在时与势中锚定发展坐标,在危与机中寻求创新突破,努力打造面向人人(Inclusive)、面向产业(Industry-oriented)、面向创新(Innovative)、面向智能(Intelligent)、面向国际(International)的"5I"教育。

(一)革新和重塑职业教育理念

数字化转型并非仅仅指技术的更新换代,更是理念和方式方法的重塑。习近平总书记强调发展新质生产力,这既对科技创新驱动产业发展提出了战略要求,也为职业教育数字化指明了新方向。数字化是新质生产力在职业教育领域的重要应用场景之一。当前的职业教育,关注供给侧和管理侧较多,畅通需求侧和全面认识教育数字化转型相对缺乏,形成了非对称性供需。因此,提高认识、转变观念是数字化转型的首要任务。

职业教育应当牢牢把握教育的政治属性、人民属性和战略属性,跳出教育看教育,摆脱传统框架束缚,将数字化思维融入办学治校的全方位、全过程,以全新视角审视和构建职业教育体系。

(二)革新和重塑职教认知和顶层设计

数字时代,数字化已成为推动经济社会进步的重要驱动力,数字化转型既是顺应时代发展趋势的需求,也是各行各业尝新求变谋发展的重要举措。职业教育需要紧跟数字时代的步伐,以全局视野和系统思维,从国家战略、国际环境出发,结合教育特性和学校战略来谋划、推动由局部到整体的变革。然而,在职业院校数字化转型过程中,仍存在过多聚焦于技术更新而忽视了数字化思维核心价值的问题。因此,重塑认知与顶层设计是数字化转型的关键之匙。

职业院校应当紧跟数字中国建设步伐,加强学校顶层设计,将数字化发展战略纳入整体规划中,不断健全评价体制机制,定期评估数字化应用效果,及时调整优化策略,推动数字化发展战略与学校事业发展统筹谋划、协同推进、同步评估,确保数字化转型的有序推进和高效实施。

二、以"人"为本,提升和重塑职业教育师生的人本关注

立德树人、德技并修是职业教育人才培养的目标。数字化转型的核心

价值在于实现个体潜能的最大化激发与综合素质的全面提升，从而促进人的全面发展。职业教育应当矢志不渝地秉持"以人为本"的核心理念，对传统的教育教学和管理服务模式进行创新性重塑，注入更多的"人本关注""人文关怀"，积极构建自主化学习、个性化发展、人性化管理的技术平台与实施路径，深化师生的数字素养培育、数字能力提升及数字体验优化，为教师与学生的全面成长与进步铺设坚实的基石。

（一）提升和重塑师生的数字素养与能力

教师是教育教学中教的主体，应当积极通过数字化学习与创新来内化并形成新的教学知识与技能，优化教学过程和方法，提升教学质量，实现广泛而深远的传播效应。现实中，许多教师仍然依赖于传统的教学模式和经验，缺乏对数字化工具的学习掌握和有效应用，影响了教学效果。职业院校应当积极构建完善的数字技能培养体系，搭建数字时代教师学习的场域，拓展教师学习的职业空间和专业空间，鼓励教师参与数字化教学资源的设计与开发，提高其数字化素养和教学能力。

学生是教育教学中学的主体，无论科技如何发展，其作为求知主体的角色和定位始终不会改变。因此，如何有效提升学生的数字素养，使其适应快速发展的数字化时代，学有所乐，学有所成，是教育者和学习者需要思考的关键问题。然而实践中，许多职业院校的专业课程设置、教学方式与数字化融合不深，缺乏对学生创新能力和数字思维能力的培养，影响了教育质量的提升。职业院校应当积极将数字化思维和数字化技术应用能力融入各专业的教学之中，开设相关必修课程或选修课程，通过实践项目、实习实训、创新创业比赛等形式，促进学生深化理解和应用数字化知识，增强技术应用和问题解决能力。

（二）提升和重塑师生的数字人文体验

育人为本既是教育的生命和灵魂，又是教育的本质要求和价值追求。要想推动教育数字化转型，应当运用新的"数字人文"视角，重新审视传统教育教学和管理服务模式，倡导在数字化环境中寻找和创造人文价值，增强教师的职业成长体验和学生的学习生活体验，从而更好地服务于教育的本质目的——人的全面发展。

职业院校应当践行"数字人文"的理念，通过数字技术的应用和实践，将人工智能、大数据融入教育教学和校园治理的全过程、全环节,从师生需求出发,构建人工智能赋能教育、管理、服务新场景,以数字化转型整体驱动教学模式和治理方式变革,构建一个更加开放、互动、包容和安全的学习生活环境,共同塑造有温度的数字体验。

三、以"治"为轴,优化和重塑职业教育治理模式

数字治理是提升高校治理能力的必由之路。《中国教育现代化2035》指出:"加快信息化时代教育变革。……加快形成现代化的教育管理与监测体系,推进管理精准化和决策科学化。"因此,职业院校应当主动投身数字化转型浪潮,以数字化思维革新治理方式,依托数据驱动,赋能精准施策,通过创新管理模式,化简业务流程,精准把握师生需求,实现决策迭代优化,推动职业教育治理模式的科学性和有效性。

(一)优化和重塑职业教育管理思维

传统职业教育管理思维下,学校部门间常常存在职责重叠、权责不明、层级繁多等问题,致使决策迟缓、信息梗阻,难以敏捷应对外界变化,亟须革新求变。数字化转型可以呼唤新思维,引领组织创新,打造开放、灵活且富有创造力的架构,驱动和保障转型的各个关键进程。

职业院校应当通过构建完善的数据平台和智能分析系统,紧紧抓住"云、网、数、端"四大要素,以数据融合为抓手,减少管理层级,实现扁平化管理;通过设施云化、业务数字化、流程在线化、运营数据化、决策智能化等五个评价维度,开展全方位、多层次的数字化评估,提高治理的高效率、透明度和公信力。

(二)优化和重塑职业教育业务流程

成功的数字化转型并非始于技术,而是从业务流程痛点出发,以需求为中心,推动流程变革和业务重构。但实际情况却是,不少职业院校在推进数字化的过程中仍然固守传统的业务流程,往往只是简单地将线下内容搬到线上,忽视了对业务流程的重构。这限制了数字化优势的有效发挥,反而增加了教师和学生的负担,使新技术的应用效果大打折扣。

职业院校应当对现有的教育教学、管理服务等流程进行全面审视,从传统的指令传达和被动执行向数据驱动决策的方向转型升级,依托数字化

技术手段实现业务流程再造,对各个环节的流程进行系统梳理和模式创新,从而推动治理体系与育人模式变革。

四、以"育"为核,变革和重塑职业教育教学模式

职业教育教学模式的数字化转型,是提升人才培养质量和适应未来就业市场需求的关键。作为技能人才培养的重要阵地,职业教育急需紧跟数字化转型的步伐,运用数字化思维,推进教学理念及模式创新变革,实现更多教育资源跨界参与,促进专业结构和课程教学优化升级,实现个性化学习和差异化教学,推动数字化技术、智能化手段与教育教学主要场景全面、深度融合,提升学生的主动学习能力和创新思维水平,使其更好更快地适应社会发展需要。

(一)变革和重塑教学模式

传统教学关系主要由在同一教学时空(教室、实训室)的教师和学生两个主体组成。数字技术引入日常教学与实训环节后,需要对教学关系和形式进行重新审视及优化,以推动教学主体从"师—生"二元结构逐步拓展为"师—生—机"相互协同促进的三元结构,进而优化教学资源,提升教学质效。

职业院校应当以数字化思维重新审视教育教学中的各个环节和要素,通过将大数据、人工智能等技术应用于课堂,打破时间和空间限制,实现智能化教学,让学习变得更加自由和灵活。教师应由教育主导者转变为设计者、引导者、促进者及资源提供者,通过数字技术的支持,更加精准地把握学生的学习状态和需求,实现有针对性的教学设计和资源推送,使教学更加贴合学生的实际需求。

(二)变革和重塑专业结构及课程教学

习近平总书记强调,要优化同新发展格局相适应的教育结构、学科专业结构、人才培养结构。专业是职业教育体系的支柱,课程教学是教育体系中的核心环节。因此,在数字化转型背景下,应当积极推动职业教育专业结构、课程内容及教学方式的变革重塑,培养出具备未来竞争力的技术技能人才,更好地满足经济社会发展的需要。

职业院校应当根据行业发展的趋势,利用数字化手段快速收集和分析

行业动态、企业需求等信息,积极推动政府、学校、行业、企业等多元主体协同共建,立足技术发展前沿和产业变革方向,及时调整专业结构、方向,优化专业课程体系,打造高质量课程资源,提升人才供给与就业需求的匹配度。同时,应探索新型课程组织形式及智慧教学方式,充分发挥数据在教与学过程中的融通和流转作用,建立教师、学生、内容、手段等要素之间的数字化关联,促进教学结构、教学方法、教学评价的数字化,重构教学新形态,实现教学效能的新提升。

五、以"用"为导,升级和重塑职业教育服务能力

职业教育在服务国家战略和区域经济中扮演着重要角色。职业教育应当主动拥抱变革,紧跟国家发展战略,加快推进数字化转型步伐,以更开放的姿态,不断创新教学科研模式,深化产教融合、校企合作,拓展国际合作渠道,努力画出利益各方最大同心圆,在培育新质生产力、建设现代化产业体系中彰显新担当,更好地服务于经济社会高质量发展。

(一)融入和赋能区域经济社会发展

数字化转型将推动职业教育主动适应产业发展新形势,满足对高技术技能人才供给的新需求,助推教育链精准对接产业链。目前,政校行企多元主体的合作正处于由浅及深的过程中,产教融合的深化尚未形成广泛、有效的协同效应。这就需要以数字化思维推动跨界融合,激发多元主体的办学助学活力。

职业院校应当借助产教融合共同体和区域产教联合体等平台资源,更好地实现企业与学校协同育人和跨界办学的目标,共同开发适应市场需求的新专业、新课程、新项目;应联合企业开展技术研究和项目攻关,促进科技成果向现实生产力转化,培养高素质技术技能人才;应促进现代企业制度与现代学校制度、生产工作规律与学习实践规律、职业及职业成长规律与教育及教育认知规律的融合,为区域社会经济发展和乡村振兴注入新活力、增添新动力。

(二)积极融入职业教育国际交流合作

职业教育国际化是实现职业教育体系现代化的重要手段和实现路径。中共中央办公厅、国务院办公厅印发的《关于推动现代职业教育高质量发

展的意见》指出,"打造中国特色职业教育品牌","推动职业教育走出去"。然而在贯彻落实过程中,诸多问题和挑战依旧横亘在前。例如:许多职业院校国际化视野不足,对外开放水平不高,国际交流合作不深;国际化人才培养机制尚未成型,专业课程设置、产教融合与国际化接轨程度不深,人才培养难以满足"走出去"企业的需求;等等。同时,学科基础薄弱、资源禀赋不足也限制了职业教育国际化发展的空间。面对这些难题和挑战,职业教育需要秉持更加开放的态度,做好"走出去"文章,共同推动全球职业教育的发展。

职业院校应当借助数字化软件系统和平台,加强与其他国家和地区的交流互鉴,通过参与跨国教育项目、举办线上国际学术会议等方式,拓宽师生的国际视野,促进文化交流与理解。同时,借助数字平台搭建国际合作桥梁,与国外高校、研究机构及企业合作建立海外分校,开展科研合作,共推专业交叉融合,共建人才培养方案,共享教育资源,共同应对全球性挑战,充分展现中国高等职业教育的国际影响力和责任感。

运用数字化思维,与数字化浪潮相拥前行,可以有效促进职业院校深度转型和重塑,激活职业教育的"一池春水"。从精准刻画学生成长轨迹到智能匹配个性化学习资源,从打造沉浸式、交互式的学习体验到营造高效流畅的教学互动模式,从数据驱动的精细化管理到智能系统赋能的科学决策,数字化正以其独特的方式润物无声。职业院校将不断聚焦理念革新,探索数字化转型之道;聚焦治理重塑,构建数智化治理体系;聚焦素养提升,锻造师生数字胜任力;聚焦教学变革,构建多元教学场景;聚焦以人为本,优化数字化转型体验;聚焦服务升级,助力地方经济社会发展和国际交流能力。

实践篇

第三章　思想革新：以自我革命破除藩篱重构究竟

实现数字化转型与重塑，解决人的思想问题是关键。这需要源自内心，从事物的底层逻辑出发，破除思维定式，带着理性的严谨和感性的温度，探索构建与数字化转型相适应的思维模式，实现工作的突破与蝶变。

回望威海海洋职业学院（简称"学校"）发展的不同阶段，我们深刻认识到，在谋划和推动工作的过程中，惯性的思维定式、局限的认识视角限制了对问题的系统理解和对趋势的把握，使工作思路和措施在制定之初质量不高，甚至预埋了堵点和卡点。大致可以归纳出以下几个方面。

封闭思维——产教、校企之间沟通不畅，存在壁垒；教育教学脱离社会实际，远离产业需求，习惯闭门造车，教育的"职业"适应性不突出。

衙门习气——组织结构行政化，学校职能部门化；处室职责边界不清、协调困难，工作拖延推诿、运转不畅。

自得其乐——满足于既有的职业教育思路和路径，不愿意接触新事物、尝试新模式，沉醉于既往的一点成绩，存在莫名的优越感、满足感和舒适感。

自以为是——无视知识获取、更新和结构优化，能力严重滞后于经济社会发展的步伐，对当前的思想认识和方法措施高度自信，不屑、不甘学习和借鉴。

脱实向虚——师生角色固化，知识传授模式局限于实体教室、固定课时和书本教材；教师不了解产业发展现状，不掌握技术运用场景，知识传授与实际脱节。

应用不足——面对新技术、新业态、新模式，只听到"应用驱动""应用为王"的雷声，少见付诸实践的雨点；不愿学、不会用新技术和手段，数字素养急需提升。

数据割裂——把日常工作过程中形成的数据资源变为部门私有资产，

线上业务立意大多从部门的角度复制传统业务流程,数据平台间缺乏有效共享与整合。

问题是指南针,引领着攻坚方向。习近平总书记指出,进一步全面深化改革要突出问题导向,着力解决制约构建新发展格局和推动高质量发展的卡点堵点问题。在数字化转型的大背景和趋势下,应当运用创新的思维和改革的方法破解发展中的问题,把打通梗阻、消除瓶颈作为工作的着力点,并将其转化为改革的闪光点,为高质量发展注入新动能、塑造新优势。

学校以习近平总书记关于教育的重要论述和关于数字中国建设的重要指示批示精神为根本遵循,将创新、协调、绿色、开放、共享的新发展理念贯穿数字化转型的全过程,以党建为引领,按照"需求导向、场景切入、循环迭代"的推进原则,以思维塑形聚合力、顶层设计明目标、环境浸染塑行为,实施全员思想革新行动,稳步、有序、高效推进"创造性""人本化""协同式"转型,推动教育形式、教学方式和人才培养模式革新,形成"数据—理论—体验—新数据"的循环价值创造机制(图 3-1),为高质量发展持续增添动力与活力。

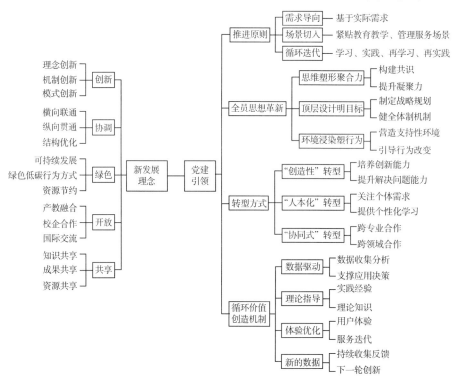

图 3-1 数字化思维下的转型与重塑推进思路图

第一节 党建引领,塑造数字化思维共识

党建引领是确保数字化转型沿着正确方向前进的根本保障。学校党委充分发挥把方向作用,党员大会作出"推进信息技术与教育教学深度融合,打造一体化智能校园环境,逐步形成'数治教育'新体系""坚持应用为王,建设智慧互联、数据融通、泛在实用的智慧校园,创建山东省智慧教育示范校"等部署(图3-2),引领数字化转型与重塑始终沿着正确的方向前进。

构建多元治理结构。发挥党委总揽全局、协调各方的领导核心作用,完善议事规则,严格执行党委领导下的校长负责制,健全党委统一领导、党政分工合作、协调运行的管理体制。完善学术治理体系和教代会、工代会、学代会工作机制,加强信息公开,畅通师生参与管理、监督渠道。健全理事会运行机制,强化政策研究,强化智库力量。鼓励和扩大社会参与,吸纳校友等社会力量参与学院治理。

优化质量保证体系。健全科学严谨的专业教学、质量评价、学生评价、教师发展标准,深入推进内部质量保证体系诊断与改进工作。推进信息技术与教育教学深度融合,打造一体化智能校园环境,逐步形成"数治教育"新体系。凝练质量文化,提高质量意识。引进第三方评价与监督,形成工作有规划、进度有跟踪、过程有监管、结果有考核、成效有监督、评价有反馈的全链条、闭环式质量管理运行机制。

全面推进依法治校。开展立体化普法宣传,大力弘扬法治精神,让知法、守法成为自觉。以学院章程为统轨,推动清单式制度建设,健全规范性文件制定发布机制。采取嵌入式风险防控措施,做好合同、文件及重大决策事项的合法性审核。强化闭环式权益维护,完善师生合法权益保护机制和纠纷解决机制。加强法治工作机构和队伍建设,实施总法律顾问制度,一体化推进法治工作。

深沉、最持久的力量,深入挖掘文化育人内涵,做精优秀传统文化,做专红色革命文化,做特蓝色海洋文化,厚植校园文化底蕴,推动文化建设守正创新,让全体师生在文化浸润中成长,增进文化认同,坚定文化自信,形成文化自觉。

打造绿色智慧校园。树立全面节约理念,形成绿色低碳工作方式和生活方式。积极开源节流和节能降耗,提升资金、资产管理水平和使用效率。绿化美化校园环境,营造一流育人氛围,创建省级绿色校园。坚持应用为王,建设智慧互联、数据融通、泛在实用的智慧校园,创建山东省智慧教育示范校。

打造文明安全校园。深化文明校园建设,播撒校园新风尚,创建省级文明校园。优化学生管理机制,加强辅导员素质能力培训,发挥学生党员、骨干作用,实现学生自我教育、自我管理、自我提高。强化国家安全教育,完善校园安全管理体系,提升风险防范和应急处置能力,建设智能安防和综合指挥系统,形成全链条治理模式,坚决守牢守好安全发展底线,全面提升师生幸福感、获得感、安全感。

同志们,"走在前,开新局"既是方向引领,又是实践要求。只要我们政治坚定,作风扎实,敢于突破,善于创新,就一定能在新征程上展现更大作为,赢得更大荣光,谱写建设海洋特色鲜明"双高计划"院校新篇章!

图3-2 党员大会数字化建设部署部分内容展示图

一、系统调研学习,集体"换脑焕新"

按照旧地图找不到新大陆。在新发展理念的指引下,学校的领导班子、党员干部通过党委理论中心组学习、党日活动、调研交流等多种方式"集体换脑",率先进行思想革新,先行一步进行数字化转型思维的学习、交流、研讨、影响、带动、指导师生参与到数字化转型行动中来。

(一)新发展理念领航

遵循习近平总书记阐述的关于推动高质量发展与贯彻新发展理念的关系,在推进数字化转型的进程中,学校将新发展理念贯穿始终:把创新作

为推动转型的第一动力;注重各要素的协调统一和整体优化;追求目标、过程的绿色低碳和可持续的普遍形态;坚持职业教育与产业融合、与国际接轨的开放模式;实现教育资源开放共享和均衡发展的根本目的。通过第一议题学习、党委扩大会议部署、党课辅导、专题报告、研讨交流等形式,学校上下深刻认识到推动数字化转型的紧迫性和必要性,深刻理解数字化建设是落实新发展理念的生动实践,深刻把握教育数字化转型的趋势、规律和内涵特征,凝练以新发展理念引领数字化转型的思想共识。

(二)以党委理论中心组学习促"集体换脑"

党委班子成员位于学校决策组织的顶端,对数字化转型产生至关重要的影响。学校充分借助党委理论中心组学习平台,通过集中学习研讨、邀请专家学者讲座、现场调研论证等方式,打造数据领导力。领导班子成员统一思想,突破原有局限,主动发挥塑造数字理念、培育数据思维、彰显数据价值的率先引领作用,以积极的"行为暗示"带动全校数字化转型的实践。

(三)以党日活动促"集体换脑"

党员干部作为改革发展的先锋队和排头兵,其行为和态度对于推动数字化转型具有重要作用。《中共中央关于加强党的政治建设的意见》指出,积极运用互联网、大数据等新兴技术,创新党组织活动内容方式,推进"智慧党建"。学校一方面为每名党员干部发放《未来发展:从数智经济到共享社会》等书籍,开展读书沙龙、工匠吧等活动,使党员干部相互分享经验、交流心得、提出问题,促进思想碰撞和观点交流;另一方面通过"三会一课"、主题党日活动等,组织党员干部集中学习数字化转型的相关知识和技术,帮助党员干部依托基层党建管理服务平台,更好地理解和应用数字化技术,发挥好先锋队和排头兵作用,为数字化转型提供源源不断的创新动力。

(四)以调研交流促"集体换脑"

数字化转型需要紧跟国家政策指引和行业发展动向,以前瞻性的视角,从多个维度进行思考和实施。学校积极争取各级教育行政部门的支持,诚邀行业专家把脉定向,深入探访20余所信息化水平卓越的知名高校、科研院所及行业领军企业,亲身感受数字化应用的璀璨成果,聆听产业发展对职业教育数字化转型的迫切呼唤。在学习先进理念的基础上,学校构建"学校—系部—教研组"全方位、多层次交流机制,定期共话最新的数字化技术潮流,分享数字化项目的点滴进展与面临的挑战,探讨数字化转型的成功案例与最佳实践,引导每一位教师深入思考职业教育数字化转型的深远意义与实践路径,逐步理清"为何转型"与"如何转型"。

通过实施"换脑"行动,学校获得了初步的理论支持,积累了起步的实践经验。在第十届职业院校信息化教学改革与创新发展论坛上,学校分享了《数字校园建设与数据治理探索》的专题报告,包括持续深入学习贯彻习近平总书记关于数字中国建设重要指示批示精神的领会和感悟、投身于教育数字化战略的探索和实践,以及运用数字化思维不断革新职业教育生态的做法与思考,得到与会专家和同仁的认可。

二、关系模式转型,构建共识基石

数字化转型是多领域、多主体、多环节的综合性工程,零散推进难以触及核心本质,需要从战略高度出发,打破固有思维、固化方式、固定模式,在诸多错综繁杂的关系中,认清本质规律,精准把握供需关系,凝聚变革共识,驱动管理模式、组织架构、教学方式、社会服务等重组升级,由"供给驱动"迈向"需求驱动",由"管控命令"转向"指导服务"(图3-3),确保改革方向明晰、目标明确、行动一致、力量同向。

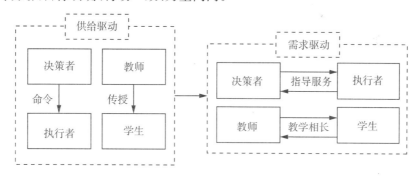

图3-3 关系变化示意图

(一)达成决策者与执行者关系新共识

传统思维下,决策者主要是下达指令、控制流程,执行者主要是执行和服从。数字化思维下,二者的关系发生了很大的变化:刚性指令中增加了柔性,紧密关系里增加了弹性,严格控制中更有了互动。决策者在把握全局整体态势的过程中,通过大数据支持,可以获得更全面、准确的信息,提高决策的科学性和精确性。执行者在精细落实目标任务的过程中,通过数字化手段,可以实时收集执行过程中的数据,既可以优化流程,提高执行质量,又可以对决策的效果进行评估,及时发现问题并反馈给决策者,实现决策和执行的良性迭代、相互促进。

（二）达成师生关系新共识

传统教育形态中,教师和教材是知识的权威来源,教师是知识的传授者,学生是知识的接收者。在数字化学习场景应用中,面对新技术、新领域、新业态,师生站在同一起跑线,师生间知识量的天平指针时刻在摆动,师生角色互换、教学相长互促将成为常态。

数字化转型既是思想革命,也是管理革命、行动革命。学校聚焦相关主体关系的变化,把握科学规律和内在联系,探索教育理念、教学模式、管理手段等方面的变革与创新,促进共识的达成(图 3-4)。学校重构组织关系,根据实际需要,打破业务和组织边界,从组织、信息、治理等多维角度,简化和缩短纵向多层的网格体系和流程架构,重新梳理和再造流程,持续高效地为管理者、执行者以及合作者等提供有价值的数据信息和服务。同时,学校积极探索教学方式改革,以数字化赋能项目式教学,鼓励师生参与真实或模拟的企业项目,在关系转变中互动协同,促进科研能力、实操能力和职业技能的提升。建立多维度激励机制,通过项目引导、经费支持、物质

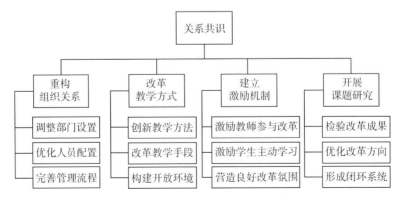

图 3-4　关系变化共识推动变革创新示意图

和精神奖励等措施，提高部门和个人参与数字化转型的积极性。此外，学校积极开展课题研究，分享推广案例，展现数字化转型在构建新型生态关系、破解改革发展难题、疏通堵点、缓解痛点方面的显著优势，树立对数字化转型的信心，让越来越多的人成为数字化转型发展的参与者和受益者。

数字化转型共识的达成，对于推动学校教育教学改革、提升教育质效产生了深远影响。

第一，明确转型目标，统一行动方向。明确数字化转型的总体目标和阶段性任务，使各项改革措施和工作部署都围绕这一目标展开，避免了转型过程中的盲目性和随意性，提高了转型的针对性和实效性。

第二，优化资源配置，提高治理效能。完善内部治理体系，推动教育资源的优化配置与高效运用，释放办学活力，激发办学动力，不断提升办学治校的能力。学校多项治理案例入选省级数字化赋能教育管理典型案例。

第三，推动教学改革，提升教育质量。深化教学内容、教学方法和教学评价等方面的改革，不断丰富智能化教学场景，实现个性化教学，满足不同学生的学习需求，提升教育质量和学生的学习效果。近年来，学校培育省级"优秀课堂""课程革命"典型案例11个；立项数字化教研教改课题和项目59项；建设省级及以上精品资源共享课程、在线课程56门；出版数字教材27本。

第四，增强数字素养，提升适应能力。注重数字化转型带来的变化和挑战，对师生进行系统数字化培训和教育，提高其数字素养和适应能力，更好地推动数字化转型的深入发展。师生凭借扎实的专业素养，在2024年教学比赛、技能大赛中获得省级及以上奖项85项，获奖数量、级别连年攀新高。

第五，促进创新发展，提升竞争力。推动人才培养、教学科研、社会服务等方面的创新发展，持续提升学校的竞争力和影响力。在2024年"金平果"中国高职院校竞争力排行榜中，学校在全国1 500多所高职高专、职业本科学校中位居第193位。

三、校企多元融合，建构协作机制

职业教育基于产业、立足产业，与产业发展密不可分。在产业数字化和数字产业化大趋势下，职业教育之根必须深深扎入产业沃土，汲取实践营养，积极以数字技术赋能产业发展，以数字化思维优化育人理念，让产业沃土更具教育涵养性，催动教育之树枝繁叶茂，结出更多更好推动和保障产业发展的人才硕果(图3-5)。学校积极顺应产业发展需求，协同产业链驱动作用，构建现代化的多元治理模式，携手社会力量，以创新开放、资源共享、互利共赢的共识，促进数字化思维和数字技术融入产教融合各环节，实现高效的协同合作和精准的教育供给，共同培育适应产业需求、具备创新能力的人才。

图3-5　数字赋能教育与产业共生共荣示意图

（一）完善多元主体协同机制

新修订颁布实施的《中华人民共和国职业教育法》在深化校企合作、搭建产教融合路径、构建多元办学格局方面提出了新要求。学校深入学习贯彻《中华人民共和国职业教育法》，结合中共中央办公厅、国务院办公厅印发的《关于深化现代职业教育体系建设改革的意见》，加快推进职业教育体系建设改革，通过多维创新、开放跨界、数据驱动的思路，凝聚政、校、行、企合力，构建现代职业教育多元化产教融合治理体系。学校牵头成立了由政府、学校、园区和产业龙头企业共同组成的理事会、省职教集团、产教联合体、产教融合共同体，制定了相关章程制度，在教育理念、基础设施、人员发展、体制机制、合作协同、成效评价等方面统筹施力，激活各方数据要素的潜能，充分释放数据要素的价值，构建发展共同体。学校制定了《威海海洋职业学院关于深化产教融合服务区域经济社会发展的意见》，从打造特色专业群、创新科教融汇路径、打造双师型教师队伍、提质升级创新创业教育、开发综合培训服务平台、提升大学生社会实践水平、推动文化传承创新、扩大对外合作8个方面统筹部署（图3-6），以推动院校、园区、行业、企业等多元主体紧密结合，构建职业教育与行业企业融通发展的生态系统。

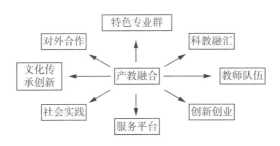

图3-6　产教融合统筹部署框架图

（二）打造产教深度融合生态

学校紧密对接新质生产力，聚焦于人才供需的精准匹配，以平台化、项目化、数字化的方式，搭建校企数据共享平台，打破校企在人才培养、技术创新和成果应用等方面的数据壁垒，提高技术技能人才供需匹配度和技术研发联合创新契合度，促进产教深度融合。加强与中国电信集团有限公司、中国联合网络通信集团有限公司、中国移动通信集团有限公司等产业生态良好、数字化程度高的大型国企、央企的合作交流，开展合作项目21项。对接中国电子信息产业集团有限公司（简称"中国电子"）、中国软件与技术服务股份有限公司（简称"中国软件"）、青岛国实科技集团有限公司等大型国企、央企，申请了国内首个面向海洋领域的"大数据协同安全技术国家工程实验室"，开展大数据安全核心技术研发和实践应用，培养大数据安全人才，支撑国家重大工程，为区域经济发展和产业转型升级提供数据保障。联合中国软件与技术服务股份有限公司成立"信创学院"和"网信人才基地"，打造集产、学、研、训、创于一体的实体性技术创新服务平台，构建海洋信创人才培训产教融合系统，促进产业转型升级。目前，学校已牵头成立4个国家级、省级行业产教融合共同体，2个省级市域产教联合体，2个省级职教集团；参与54个国家级、省级行业产教融合共同体建设工作；与全国400多家重点企业深入开展校企合作，与中国船舶集团有限公司、西门子（中国）有限公司、威高集团有限公司等知名企业共建产业学院，共同致力于高素质技术技能人才的培养(图 3-7)。此外,学校梳理、归类、汇总数据共享清单,向区域内相关政府部门和企业转发大型科研仪器设备和科技创新平台共享共用函,推进大型科研仪器设备的全面开放、充分共享。建立并完善校企定期沟通机制,强化校企间的线上线下互动,共同分享合作过程中的宝贵经验与丰硕成果,巩固并深化多维度合作关系。

图 3-7　产教融合生态墙图

学校深入贯彻落实党的二十届三中全会提出的"加快构建职普融通、产教融合的职业教育体系"的改革要求,以党建为引领,以服务为宗旨,以数字化为手段,以提质培优、增值赋能为主线,全力为新质生产力蓄势赋能。学校产教融合的经验、做法被新华社客户端刊发,被中国教育在线、中国教育发布、新浪网、山东教育新闻网先后转发。学校入选"2020 全国职业院校产教融合 50 强"、金平果全国职业院校"产教融合 100 强"、教育部"中外人文交流全媒体产教融合项目合作院校""信息化支撑职业院校校企合作专业共建项目共同体成员",获评"山东省校企合作先进单位"。

第二节　顶层设计,实施数字化转型工程

顶层设计勾勒着数字化转型的整体框架,决定着数字化转型的方向。学校深入贯彻落实习近平总书记关于数字中国建设的重要指示精神和教育部教育数字化战略行动部署,聚焦新发展理念,把推进数字化转型与重塑作为重大政治任务,在党建引领下,加强顶层设计,全局统筹谋划,从思想变革、素养提升、治理变革、教学重塑、人本关注、服务升级、技术架梁七个方向持续精准发力,加"数"奔跑,确保数字化转型与重塑顺利进行(图 3-8)。

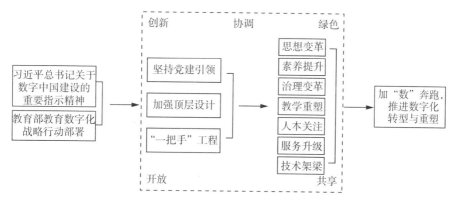

图 3-8　实施数字化转型工程示意图

一、明确战略定位,建立健全体制机制

数字化转型不是"选择题",而是关乎长远发展的"必修课"。学校将其作为基础性、先导性、战略性任务纳入长远发展规划,形成目标性引领,明确数字化转型的发展阶段和重点任务,从组织的数字化转型到业务的数字化转型再到生态的数字化转型,有计划、有步骤地深入推进数字化转型,持续迭代创新学校的组织机构和核心业务运行模式,提高社会适应性和核心竞争力(图 3-9)。

威海海洋职业学院"十四五"发展规划
构建以师生为中心、以服务为核心的精细化、协同化、个性化的信息化服务平台。推进过程数据资源治理,构建大数据分析平台,提高决策和管理的精准化、科学化水平。推进一表通平台建设,实现一数一源,促进数据按需实时共享。完善数据更新交换共享机制和大数据应用服务机制,实现数据分级管理。积极争创山东智慧校园建设 50 强试点和全国 300 所职业院校智慧校园标杆校,输出智慧海院建设范例。
威海海洋职业学院职业教育创新发展实施方案
加快推进《教育信息化 2.0 行动计划》落地生效,在山东省教育信息化试点的基础上,实施智慧海院提升工程。教育信息化总体水平达到全省高职学校前列,力争成为省级职业教育信息化创新与改革试点校。
威海海洋职业学院职业教育改革发展实施方案
加强智慧校园建设与应用。升级"1+N"智慧教学平台,提升数字教育资源供给服务质量。增强教与学过程化、智慧化管理能力,强化学生学业发展全数据采集。完善网上办事大厅流程,推进学院综合治理数字化。拓展师生信息素养提升途径,建设教师发展智能中心,增强师生数字化素养。建设综合校情大数据分析可视化系统,构建科学决策数据支撑体系。到 2025 年,争创教育部职业院校数字化校园标杆校。

图 3-9　数字化转型纳入长远发展全局部分内容展示图

学校搭建数字化转型组织体系,成立数字化建设领导小组,党委书记任组长,下设办公室和12个工作专班,负责全校数字化转型的推进实施。各工作专班由党委班子成员任组长,相关部门负责人任副组长,明确各自的职责,建立跨部门、跨领域、跨层级的协同工作机制和全员参与联动的格局,以争创教育部职业院校数字化校园标杆校为抓手,推动数字化转型取得实效(图3-10)。学校构建全数字化场景、全天候使用"领导驾驶舱",集中汇聚学校综合概况、师生综合画像、健康管理等指标数据,"一网统管""一屏总揽",随时直观监测各领域的运行状态,做好关键指标异常预警,为领导小组的决策提供辅助支持。

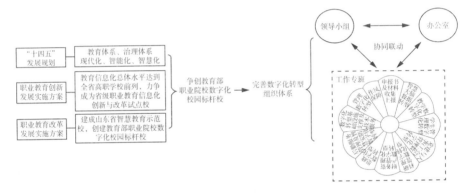

图3-10 数字化转型组织体系框架图

各工作专班积极落实《职业院校数字校园规范》,建设校本大数据中心和一体化智能化教学、管理与服务平台,持续丰富师生发展、教育教学、实习实训、管理服务等应用场景,推动学校数据中心与全国职业教育智慧大脑院校中台紧密对接,使学校成为首批百所对接率达到100%的职业院校之一。学校入选"中国职业院校智慧校园50强""全国智慧校园示范高校"、全国第一批职业院校数字校园建设试点单位,成为全国职业院校数字校园监测及评价试验院校之一。学校的大数据健康管理系统、数字化引领驱动渔业经济发展、智慧化项目服务乡村振兴等一键击穿场景被教育部采用并展示。

二、纵横一体协同,全域统筹联动

推动数字化转型工作,既要"学会弹钢琴",还要"弹出好曲目"。学校坚持融合协同,统筹实施"战略目标牵引—专业团队带动—全域场景协同—全员参与互动"行动,打破部门、领域之间的流程、业务、资源、系统、数据等壁垒,实现系统互通、数据互联,共同赋能领导决策、流程设计、教育教学、管理服务、评价考核等全领域各环节(图3-11)。

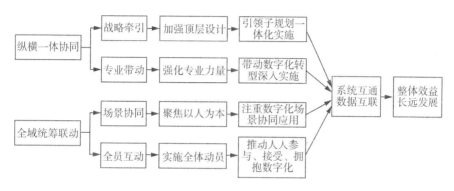

图3-11 纵横一体协同、全域统筹联动行动示意图

(一)战略目标牵引

加强顶层设计,把数字化转型作为推动高质量发展的战略制高点,引领各项事业加速"焕新"发展。各业务部门围绕总发展规划,聚焦数字化思维内涵特征,制定专项子规划,逐项分解任务,实现协同作战、一体化实施,打破传统的"各自为政"和"碎片化推进"的工作模式。

(二)专业团队带动

强化专业力量,搭建桥梁,铺平道路,带动数字化转型深入实施。信息管理中心与信息工程系强强联合,加强与上级有关部门的沟通联络,密切关注、调度各业务部门的数据运转工作,及时解决规划实施过程中存在的技术难题,确保数字化转型工作的高效推进。同时,依托专业团队的技术优势,有针对性地开展技能培训和技术交流活动,提升学校教职工的数字素养和应用能力。

(三)全域场景协同

聚焦以人为本,持续丰富各类场景,注重数字化场景的协同运用。各业务部门以教育部98张数据表格为切入点,细致梳理1 000多条数据项,运用数字技术持续丰富治理、教学、服务等各类场景。有序将场景数据汇聚到数据中台,从全校视角进行整体优化,通过开放跨界,打破部门、校企间的信息、数据、服务、资讯、应用壁垒,实现全域场景数据统一标准、一端统管、交互协同,有效解决系统整合不足、数据共享不畅、服务体验不佳、信息重复统计等问题,更加精准地服务治理、服务师生、服务社会。

（四）全员参与互动

实施全体动员,激发创新思维,推动人人参与、接受、拥抱数字化。通过举办内部培训、外部交流、专题学习、课题研究、技能竞赛等活动,鼓励并引导全体教职工积极主动参与,在工作实践中持续碰撞新思想、激发新思考、形成新理念,使数字化转型成为全员参与的自觉行动,汇聚每个人的智慧与热情,共同照亮数字化转型之路。

行动的稳步实施推动了组织、业务数字化转型,组织结构趋向网格、扁平化,管理模式走向精细、精准化,课程设置实现模块、柔性化,合作交流愈发开放、多元,产教关系日益集群、平台化。数字化赋能实践场景产生了丰富多样的数据资源,为不同应用场景中数据价值的深度挖掘提供了可能。通过数据关联、整合与共享,多类型、多维度的数据融合塑造出了新的发展生态。

第三节　全程浸染,厚植数字化文化基因

重视和加强数字文化建设是习近平文化思想的重要组成部分,也是数字中国战略、国家文化数字化战略的重要内容。学校积极贯彻落实国家教育数字化战略行动,坚持以人为本的价值取向,以数字技术助力文化创新,培育和强化数字化技术与文化相结合的价值观、行为习惯和思维方式,推动构建"开放共享、数据驱动、用户中心"的设施文化,"德育为先、能力为重、知识为基"的教学文化,"职能转换、流程优化、效能改进"的服务文化,以形成数字化文化特有的价值认知、思想自觉和行为规范,让教育回归传授知识、启迪智慧、交流情感、塑造人格的本质(图3-12)。

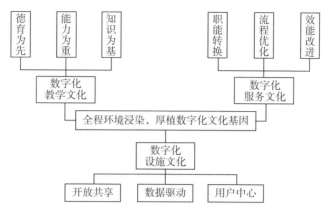

图 3-12 厚植数字化文化框架图

一、数织未来，构建开放共享的数字化设施文化

硬件设施是数据存储、传输、应用的基本载体。学校将数字化基础设施建设作为重要的基础工作，在网络设施、智慧教室和实验室等方面加大投入力度，以开放共享为出发点，以数据驱动为重要手段，以满足师生需求为中心目标，高标准建设，高水平运行，推动构建"开放共享、数据驱动、用户中心"的设施文化，为数字化转型提供了有力支撑。

学校设立模块化智算中心，建成覆盖教学区的千兆无线校园网络，对教育教学设备、能源资源管理设施进行全面智慧化升级，实现了数据的无感采集与应用。有线与无线网络交织，一条条通向未来的信息高速公路纵横交错、四通八达，将校园内的每一个人、每一台设备都畅通相连，实现了人人、时时、处处无线高速上网及移动应用接入服务的目标。无论是学习工作还是生活娱乐，师生都能在这张智慧之网中找到属于自己的便捷与乐趣。

数字化设施文化的打造，推进了数字技术与教育教学、综合管理等方面的深度融合。学校的"基于 AI 的'教、考'无感知数据采集一体化建设与应用"和"零碳智慧校园数字化节能监管管控平台建设"两个项目入选山东省教育厅"无感知数据采集"示范项目；"数字化助力学院高效迎新"项目入选教育部《中国教育信息化》杂志 2022 年教育新基建典型案例。

二、数海导航,打造创新互动的数字化教学文化

构建数字化背景下的新型教与学模式,助力提高教学效率与质量,构成了数字化教学文化的重要内涵。学校聚焦教学模式创新和师生关系转型,推动立德树人根本任务落实、师生素养能力提升、知识跨界融合,构建全面、多元、互动的数字化教学环境,将数字技术应用于教学实践,优化和转变教育者、受教育者的教与学方式,促进师生互动与学习交流,提升教学效果和学习体验,引领师生在知识的广阔海洋中扬帆远航。

数字化转型对传统教学模式产生了颠覆性影响,将其推向了一个全新的发展阶段。学校依托智慧教学平台,遵循"激活存量、拓展增量、提升质量、优化总量"的原则,高标准建设在线开放课程、新形态教材,开发在线视频课程,打造数字化资源中心,并嵌入用户动态监测和大数据分析技术,全面分析用户需求,让教学资源"活"起来,提高了资源利用准确度。学校升级网络教学平台及拓展课堂教学应用场景,探索实施翻转课堂、混合式教学、项目式教学等新型教学模式,组织"虚拟操作、实体感觉"数字化实践教学,打破时间与空间的限制,为学生构建"身临其境"的数字孪生系统,增强实训教学与行业企业岗位实践的吻合度,显著提升了学习体验与教学质量。在这一过程中,学校将思政元素融入各类教学资源建设中、浸入多种教学场景中,在潜移默化中引导学生树立正确的世界观、人生观、价值观,培养其社会责任感与公民意识;推动学生人文与科学知识、素养、思维的深度融合,教育引导学生充分汲取和运用跨学科智慧,掌握严谨的方法和实证精神,培养深厚的人文底蕴和批判性思维,努力成长为既具备科学素养又具有人文关怀的全面发展个体。

学校建设了系列个性化教学智慧实验室、VR室内实验室以及工程训练中心、创新实验室等,利用数字手段为学生提供沉浸式的学习体验,提升实践教学的互动性和实效性。此外,开发了一批在线精品课程,5年来,为近9万人次的学习者提供了高质量的学习资源,促进了优质教学资源的最大化利用,不断丰富数字化教学文化的内涵。

三、数服相伴,凝练便捷高效的数字化服务文化

数字化服务文化是构建数字化校园环境不可或缺的要素。学校以师生需求为导向,通过数字技术强化管理服务,不断优化服务流程,转换调整

服务角色,持续改进服务细节,努力打造安全、便捷、舒适、温馨的校园,以更好地满足师生在数字化校园环境中的多样化需求,提升满意度和幸福感。

数字化赋能建设平安校园。采取技术创新、智能融合与维保跟进三者并行的方式,综合运用"人工智能＋物联网＋大数据"技术,不断巩固"人防、物防、技防"的建设基础,打造安全管理"一张网",形成"人员在行动、屏幕在监控、云端在计算"的安全管理模式。升级网络监管和防护软件,构建可信可控的数字安全防线,为校园服务提供了综合化、智能化、便捷化的坚实保障。

数字化赋能优质服务师生。坚持"以人为本,体验优先"的原则,聚焦"便利校园,优质服务"的目标,构建全方位智慧校园服务保障体系与服务平台,实现从"找部门"到"一站式服务"、从"管理本位"到"服务本位"、从"用户跑腿"到"数据跑腿"、从"人找服务"到"服务找人"的转型升级,做到办理业务统一平台、统一入口、统一消息、统一管理,提高了师生的生活质量,促进了校园管理的现代化和智能化。

数字化赋能打造传播矩阵。牢牢把握意识形态主阵地,用好 5G、大数据、人工智能等信息技术革命成果,在理论宣传普及、媒体深度融合、网络综合治理等方面广泛融入新技术、新手段。建立校园官网、微信公众号、微博、抖音等多平台矩阵,及时展示校园环境、师生风采和教学成果。积极与知名新媒体平台合作,结合大数据、云计算等技术,建立融媒体平台,打造学校品牌,促进学校文化的传播和发展。注重网络阵地建设,运用大数据加强互联网舆情监测预警、分析研判和应急处置,持续丰富数字化手段和载体,为激扬正能量、澎湃大流量进行全链条、全要素赋能助力。

学校着眼于打通数字基础设施大动脉、畅通数据资源大循环,持续用力加快数字化设施系统升级、服务升级和功能升级,建设创新驱动、开放共享、协同合作、智慧服务的数字化文化,为高质量发展提供有力的文化支撑和精神动力。学校连续两年在全国高职高专"院校满意度"排行榜中位居全国前 15 位、全省前 3 位。

数字化转型不是短暂冲刺,而是持续优化迭代之旅。思想变革作为这段旅程的起点和灵魂,将始终如一地引领我们探索未知的领域,鼓励我们挑战自我,实现自我超越。同时,我们也深刻认识到,思想变革并非单靠个人之力所能实现的，而是需要全体成员共同努力和积极参与，汇聚成一股不可阻挡的力量。因此，要在思想变革的引领下，全面提升人的数字素养，使其由被动接受者变为主动探索者、由单一思维转向多元思维，让每个人的潜能和创造力都得到充分激发，共同书写数字化转型这篇文章。

第四章　素养提升：全面推进人的数字化赋能

没有数字素养作为保障，思想变革的智慧星火与创新浪花就如同被迷雾笼罩，难以穿透现实的藩篱，转化为推动前行的坚实步伐。

基于此，学校制订支持数字化转型的数字能力提升计划，全面推动学生、教师、专业团队等群体的数字化赋能。学校通过模块化、系统化、连续性的校本培训、项目训练、技能比赛，提高学生在数字化环境下的资源获取、信息加工、数据共享、协作学习等能力，提升教师的数字化技术应用、数字化教学资源开发、数字化教学模式创新、数字化教学评价实施、数字化教科研等能力。同时，筛选和聚焦专业团队，提升他们战略指导、决策执行、技术攻关、统筹协调等方面的能力（图 4-1）。从思维转变到技术运用的内

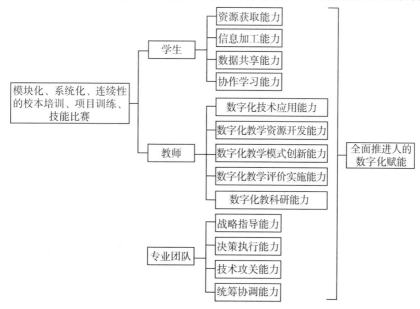

图 4-1　全面推进人的数字化赋能行动计划框架图

化,提升计划让广大师生深深融入数字化环境和文化,追求创新和个性化发展的氛围日渐浓厚。

第一节 提升学生的数字能力与潜力

数字能力已逐步成为社会公民的基本能力之一,具备数字技能的职业员工将在职业生涯中更加具有竞争优势和职业潜能。对于学生来说,拥有良好的数字能力有助于更好地适应未来的工作环境和终身学习的要求。学校按照促进全面发展、树立实战导向、培养伦理责任、推动终身学习的思路,通过优化课程体系、搭建实践平台、融入思政教育,提升学生的数字能力和潜力,使其能够紧跟时代步伐,适应未来社会的发展需求(图4-2)。

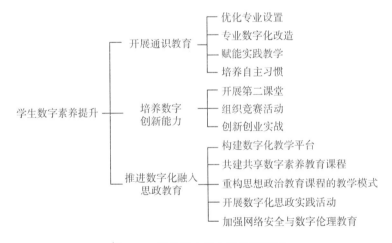

图4-2 提升学生数字素养框架图

一、提高数字通识素养

培养学生的数字素养是数字化时代赋予教育的应尽职责,也是教育数字化转型的内在要求。学校从专业设置、专业改造、实践教学、培养习惯等方面入手,努力让每位学生都能接受系统的数字通识教育,不仅掌握数据处理等基础技能,还能批判性分析数字信息,利用技术解决实际问题,并在数字世界中恪守伦理道德规范。

（一）优化专业设置

面对数字化发展趋势，学校积极与数字经济、人工智能等前沿产业集群对接，聚焦对人工智能新技术、新模式、新业态的跟踪研究，加强数字技术相关专业建设，围绕区域新一代信息技术产业集群、先进装备与智能制造产业集群，开设物联网应用技术、云计算技术应用、人工智能技术应用、信息安全技术应用、数字媒体技术、工业机器人技术、电气自动化技术、智能控制技术等专业，并加强与行业企业、高校院所的深度合作，大力培养数字经济领域创新型高技能人才。

（二）推动专业数字化改造

教育部先后印发《高等学校人工智能创新行动计划》《高等学校区块链技术创新行动计划》《未来技术学院建设指南（试行）》等文件，引导高校瞄准互联网、大数据、人工智能和区块链等新一轮科技发展前沿，强化新一代数字技术、信息技术在各学科专业中的融合，加快人工智能等新技术在教育领域的创新应用，完善数字技术相关领域的人才培养体系。学校聚焦新一代人工智能和通用人工智能方向，推动跨专业融合，将数字信息认知、数字信息搜索、数字交流沟通、数字保护安全、数字品德伦理等方面的前沿技术纳入各人才培养方案中，拓展到水生动物医学、船舶工程技术、电子商务、港口物流管理、药品生物技术、酒店管理、会计、食品智能加工等专业领域。学校积极开展数字技术与教学模式、教学内容、教学方法、教育管理、教育评价等相融合的实践活动，构建"人工智能＋X"复合型人才培养体系，优化各专业人才培养结构，培育大学生适应数字化时代发展趋势的数字意识和数字思维，引导学生运用数字技术或数字工具分析和解决问题，以适应人工智能技术的快速迭代升级，满足行业多场景的应用需求。

（三）强化数字化赋能实践教学

通识学习是基础，实践操作更关键。学校充分发挥自身承载的山东省大数据发展创新平台大数据人才实训基地、工业和信息化部中德智能制造产教融合人才培养示范基地、教育部智能制造领域中外人文交流人才培养基地、山东省新旧动能转换公共实训基地、海洋装备与智能制造公共实训基地、西门子先进自动化技术联合示范实训中心等实训基地（中心）的职能，利用人工智能等数字技术，开展模拟实训、案例分析、项目学习等多元化的实践教学活动，使学生将理论知识与实际问题紧密相连，进行实战操作，提升解决实际问题的能力。在模拟实训环节，打造虚拟实训与实际操作相结合的工学场景，让学生沉浸于模拟数字化环境，进行实践操作与实验，增强职业技能训练。案例分析则通过剖析真实世界中的数字化应用实例，帮助学生深入理解理论知识在实际应用中的价值与意义。项目驱动教学法更是鼓励学生积极投身真实的数字化项目之中，通过团队协作的方式完成既定任务，有效提升学生的团队协作能力和项目管理能力。学校还不断完善产学研一体化的培养模式。省、市级科技创新中心设立开放资金，推动教师进平台、学生进项目、教学进现场，强化师生的协同创新，累计支持创新项目117项。400多个校外实训基地开展实习实训项目，学生在学校教师、企业导师的共同指导下，通过真实的工作场景学习和锻炼，了解产业数字化背景下最新的行业发展动态和岗位技术要求，不断提升数字素养与技能，涵养匠心，锻造匠艺，增强就业竞争力，为未来的职业生涯打下坚实基础。

（四）培养学生自主习惯

数字化时代要求个体具备持续学习的能力。学校始终聚焦学生的长远发展，积极引导学生树立终身学习的理念。学校通过职业生涯规划指导，帮助学生明确学习目标，制订合理的学习计划；借助讲座、工作坊等形式，指导学生掌握思维导图、笔记法、间隔重复等有效学习方法，有效提高学习效率；利用 AI 分析学生的学习数据，提供个性化的学习路径和资源；打造丰富的数字知识资源库，激励学生利用网络平台和在线课程等资源，满足多样化的学习需求；建设综合性多功能智慧教室，借助 AI 翻译工具帮助学生跨越语言障碍，获取全球优质学习资源；开展绿色低碳健康行动、互助学习、奖励反馈等活动，强化学生的自律意识，培养学生自我管理、自主学习、自觉服务的良好习惯。此外，在引导学生培养自主习惯的基础上，学校积极倡导学生打破专业边界框架，从多维度审视问题，并勇于提出创新性的解决方案，帮助学生运用数字技术进行更为深入的思考，全面提升综合素质，以适应未来社会的挑战。

二、培养数字创新能力

数字创新能力涵盖了信息技术应用、数据分析、创新思维、跨界融合等多个维度,要求学生具备扎实的专业基础知识、敏锐的问题意识、较强的实践能力和持续的学习动力。学校在第二课堂、竞赛活动、创新创业等方面积极探索,培养适应数字化时代需求的创新人才。

(一)第二课堂链接未来技术梦想

第二课堂作为跨界融合的平台,让学生能够将不同领域的知识和技术融合在一起,为未来的数字化创新梦想搭建桥梁。学校依托学术技能类社团在数字化领域的独特优势,重点引导并带动学生逐步适应数字化、信息化及人工智能技术所带来的深刻变革。点亮星空无人机社团凭借先进的无人机技术,在风力发电机检修与农业植保进乡村两个领域实施相关志愿服务活动,以实际行动为乡村振兴贡献力量。数字化建设联盟社团则巧妙运用计算机辅助设计(Computer Aided Design,CAD)软件与3D打印技术,将传统扇面中的传统文化元素与现代创新文化相融合,设计出了一系列独具匠心的扇面作品,为非遗传承插上数字化翅膀。航模社深入贯彻落实习近平总书记关于科技创新与建设航天强国的重要讲话精神,利用计算机模拟真实世界飞行中的各种复杂元素,如空气动力、地理环境、飞行操控系统等,利用算法改进设计思路,在山东省大学生创意飞行器设计大赛中获得"山东省大学生优秀科技社团"的荣誉。学校将社团、素质拓展等活动分级分类纳入第二课堂课程体系,依托"第二课堂成绩单"管理系统——"到梦空间"信息平台,通过数据技术抓取各社团的活动数量分布、活动开展、学生参与、成果获取等情况,形成可视化分析图表,反馈给各社团和活动组织部门,用以科学调整活动时间、主题、内容、方式等,助力学生综合素质全面提升。在共青团中央发布的2023年"第二课堂成绩单"工作年度榜单中,学校第二课堂评价平均分、实际指导教师数量、人均参与活动数量在全国高职院校中分别位居第1名、第9名和第38名,评价平均分连续两年位居全国首位。

(二)竞赛活动加速数字能力提升

竞赛活动往往以解决实际问题或挑战为导向,引导学生将所学知识直接用于解决实际问题。学校秉承"以赛促教、以赛促学、以赛促改、以赛促建"的长效机制,为不同年级和水平的学生设置不同难度的赛项,涵盖 IT 技术、智能制造、数字艺术等多个数字化领域。比赛内容与实际工作场景或行业需求紧密结合,学生在参与过程中,既能有效运用所学的知识和技能,又在团队挑战中培养了协作精神和沟通能力,还激发了自身的斗志和潜能。学校还积极承办国家级、省级各类数字化领域的赛项和论坛活动,通过搭建各类平台,广泛汇聚各路人才,加强行业内的交流与合作,营造充满活力和创新精神的良好氛围。目前,学校已获得世界职业院校技能大赛金奖 1 项、铜奖 1 项、全国职业院校技能大赛一等奖 2 项、二等奖 4 项、三等奖 2 项,全省职业院校技能大赛奖 200 多项;承办山东省全民数字素养提升技能大赛、职业院校技能大赛以及"技能兴鲁""技能兴威"子赛项等多项比赛。

作为竞赛活动的延伸拓展,学校高度重视并积极鼓励学生参与科技创新活动,促进校内外数字素养培育的一体化发展。在校内,精心策划实施职教周、科技节、职业体验以及信息素养大赛等一系列活动,为学生提供展示数字化科技创新成果的广阔舞台,激发校园数字文化建设的活力与动力。在校外,积极组织学生参与由哈尔滨工业大学、山东大学、北京交通大学等高校共同构建的创新联盟,鼓励学生参加数字化创作、创客、人工智能、智能机器人、大数据分析研究等科创实践体验活动。联盟平台的开放、共享与互促特性,让学生在"创意+制造"活动中感受相关领域高水平智能数字化"硬核科技"所蕴含的无限潜力与魅力,激发对科技创新的浓厚兴趣,坚定科技报国、科学利民的崇高信念与坚定决心。

(三)创新创业实战孵化领航力量

培育具备"勇于探索、善于创新"核心素质的人才,是新时代高等职业教育的职责。学校致力于推动数字技术在众创空间和创客教育领域的广泛应用,构建大学生创新创业就业服务平台,推广数字化创新创业教育,鼓励学生参与以"互联网+"和人工智能为主题的大学生创新创业竞赛,点燃他们运用新兴技术与平台开展创业活动的热情。从理论到实践、从实训到实战,是一个脱胎换骨的蜕变过程。通过第一课堂与第二课堂的有效结合、竞赛与活动的深度融合,学校培育出众多具有数字化创新能力的学子。这些学子不仅在各类创新创业大赛中获得佳绩,而且成功创立了自己的企业。在创新创业实践中,他们打破传统思维的束缚,关注用户的体验和需求,将不同领域的知识和技术进行跨界融合,持续提升产品或服务的市场竞争力。

学校发挥电商专业的优势,集聚京东、阿里巴巴、抖音、快手等最新的产业元素,将数字技术融入教育教学和电商孵化的全过程,构建跨境电商、旅游电商、直播电商、电商托管等全产业链的"互联网+"创业模式,不断开拓师生创新创业的新思路,扩展双创孵化的专业技术领域,打造"政府+高校+企业"合作互利、"海洋产品+电商运营"互赢的数字化创新创业联动机制。大学生创新创业中心采取政策咨询、项目推介、创业指导、创业培训、融资贷款、手续办理等"一条龙"服务,主动为创业实体和创业者提供力所能及的帮助,推动创新创业活动深入开展,为区域经济发展提供充足的双创人才支撑,实现优质创业带动优质就业。

宋同学在电商创业初期,主要从事电话卡、荷叶茶、运动服等产品的销售,不温不火。针对这种情况,创新创业导师与专业导师为他分析了创业现状,建议其结合区域海洋特色产业优势进行创业方向调整,逐步向地方海洋食品方向转变,转型为工厂电商服务商和直播电商。目前,宋同学与威海本地28家海洋食品企业深度合作,在视频号、拼多多、淘宝、天猫、邮乐等数字平台开设店铺,年销售额达8 000余万元,获得"山东优秀大学生创业者"称号。像宋同学一样,一大批学生在创新创业服务体系的指导和帮助下,选择"电商运营+区域产业结合"的模式进行创业,以数字化技术助力开拓农产品销售渠道、打造民宿旅游特色,创业项目年营业额突破2亿元,为助力乡村振兴作出了积极贡献。

三、推进思政教育数字化转型

人工智能时代的到来,强烈推动着教育数字化转型的进程,对思政教育开展提出了全新的要求。

一方面,当代大学生的日常生活、学习都与网络空间紧密相连,更容易适应以慕课、短视频平台、人工智能大模型等为载体的"精准滴灌"和"润物无声"的思政教育模式,这为思政课教师的课堂革命和教学改革提供了广阔空间。另一方面,大学生通过手机等终端设备能够接触到复杂多变、良莠并存的网络信息,但相当一部分大学生数字安全与风险防范意识淡薄,既不能有效维护自身的数字权益,又容易违反相关的安全要求。这些都为思政教育工作带来了更大的挑战和更高的要求。学校牢牢把握思想政治工作规律、教书育人规律、学生成长规律,围绕学生和教师两个主体开展了以下工作探索:一是积极构建完善的思政育人体系,利用教学场景的变革来扩展和提升学生的学习能力和辨识能力,增强学生学习思政课程的获得感;二是思政教师不断适应数字时代的需求和挑战,以数字化思维不断重塑思政教育生态,增强思想政治教育的科学性、精准性和有效性。

(一)构建数字化教学平台

学校利用智慧教学平台,建设在线课程、教学资源库、互动交流区等多个思政教学模块,为学生提供丰富的学习资源和便捷的学习环境。通过平台,学生可以随时随地进行自主学习,与教师和同学进行在线交流,提升数字化学习和沟通能力。

(二)共建共享数字素养教育课程

学校紧紧围绕国家和区域发展需求,结合学校发展定位和人才培养目标,构建全面覆盖、类型丰富、层次递进、相互支撑的课程思政体系。制定《威海海洋职业学院课程思政实施方案》《威海海洋职业学院加强课程思政建设工作的若干措施》等文件,聚焦坚定学生理想信念,以爱党、爱国、爱社会主义、爱人民、爱集体为主线,围绕政治认同、家国情怀、文化素养、法治意识、道德修养等重点优化课程思政内容,系统进行中国特色社会主义和中国梦教育、社会主义核心价值观教育、法治教育、劳动教育、心理健康教育、中华优秀传统文化教育,统筹推进思政课程与课程思政同向同行协同育人。思政课教师与专业课教师共同进行课程建设,在课程思政体系中增加数字素养教育内容,用数字化手段丰富专业课程的思政元素,"如盐在水"开展课程思政。学校每年开展院级"课程思政"示范课程评选活动,引导专业课教师深入挖掘课程思政元素,让专业知识与职业素养有效融合,形成"门门有思政、课课有特色、人人重育人"的良好局面。

(三)重构思想政治教育课程的教学模式

在教学内容方面,采用虚拟仿真等数字技术简化模型的构建,将抽象问题转化为可量化、可视化、场景化、个性化的问题,并利用可穿戴设备、高清屏幕、传感器等技术手段,实现教育手段与数字化思维的融合。在教学形式方面,利用数字技术将传统的"教师讲授、学生听讲"的单一模式转变为集"理论教学、场景互动"于一体的数字化教学方式,对教学过程进行数字化改造,增强开放式互动体验,促进学生对知识的获取与理解。在教学方法方面,改变传统课堂知识来源的单一渠道,通过音频、视频、三维动画等技术手段,展示思想政治教育的理论知识和实践教学,形成更加直观、形象、多元的知识推送方式,增强思想政治教育课程的吸引力和感染力。在"精致城市——习近平生态文明思想的威海实践"授课中,虚拟仿真实验课程的设计遵循思想政治教育课程的教学规律,以"学、思、践、悟、行"为主轴,通过威海华夏城从荒废矿坑到5A级景区的时代变迁,展示了威海践行习近平生态文明思想,在"精致城市、幸福威海"建设中不断探索实践内涵、生态价值、社会价值和经济价值等取得的阶段成果。数字化手段的展示,使学生全方位体验、感受了"千里海岸线、一幅山水画"的威海自然之美、精致城市建设的人文之美、人与自然和谐之美,增强了建设美丽家园的荣誉感、责任感、使命感。

(四)开展数字化思政实践活动

学校每学期制定思政实践课程教学方案,立足威海当地的思政教育资源,充分发挥红色场馆、生态文明实践教育基地的育人功能,引导学生沉浸式学习"两弹一星"元勋郭永怀、"马石山十勇士"等英雄事迹。同时,制作虚拟现实资源,把数字场馆搬进思政课,通过运用虚拟现实、人工智能等现代信息技术,实现思政小课堂与社会大课堂联动、线下教学与线上体验相结合的创新思政实践教育方式,使思政实践教学更加生动、直观。与革命烈士陵园管理服务机构合作,共同开发"红印迹直播间"。直播间以胶东革命发展史实为主线,以英烈和模范人物为重点,深挖红色资源,发扬红色传统,传承红色基因,通过短视频的形式展现英烈们的精神和伟绩。学校在"红印迹直播间"的基础上不断拓展,全面推进"胶东·红印迹"学习教育,构建"一个直播间、一本校本教材、一个宣讲团队、一门红色思政课、一个特色社团项目"的"五个一"红色文化育人体系,实现了学校、教师、学生、社会的"四体联动",提升了红色文化育人实效。另外,学校还积极开展一站式校园德育建设课题研究,鼓励学生广泛运用社交媒体、在线教育等数字化技术,参与以总体国家安全观、国家宪法日等为主题的知识竞赛和短视频制作等,进一步增强学生的政治安全意识、国家安全意识和法治意识。

(五)加强网络安全和数字伦理教育

数字产业、数字经济及数字技术的发展在给学习和生活带来诸多便利的同时,也带来数据失真失窃、隐私泄露等数字伦理问题。在培育并提升大学生数字素养的过程中,加强网络安全和数字伦理教育迫在眉睫。学校建设师生网络安全和数字安全教育培训基地,打造网络透明人、黑客改号、微信窃密、无线 Wi-Fi 手机窃密、二维码恶意利用、移动充电宝攻击、勒索病毒演示、智能手表演示、网络安全攻击和数据泄露模拟等现实场景,通过 AI 模拟网络攻击,开展数字安全教育,引导师生辩证看待数字信息技术发展及其带来的社会变革,正确使用数字技术,尊重知识产权和个人隐私,维护他人、社会以及国家利益,自觉遵守数字社会伦理秩序,为构建和谐数字社会贡献力量。

数字化技术赋能思想政治教育,创新思想政治教育方式,为思想政治教育教学带来价值补充和延伸。目前录制的"红印迹直播间"短视频总期数达到 225 期,短视频已登陆山东省党员学习平台"灯塔"及"学习强国"等新媒体平台,在"今日头条""抖音"同步上传,累计观看人数超过 10 万人次,在社会上产生了很大反响,新华网等多家媒体进行宣传报道。"五个一"红色文化育人体系推进"胶东·红印迹"进校园的经验做法在山东省教育厅网站刊发。

第二节 深化教师的数字素养与赋能

实现教育现代化,必须建设一支具备较高数字素养的教师队伍。在全球范围内,众多国家和地区已纷纷制定并实施针对教师的数字素养标准或框架,旨在指导并促进教师的专业成长与发展。我国颁布了《教师数字素养》标准,不仅为教师群体指明了提升数字素养的具体路径与目标,而且有助于推动我国教育体系的国际化进程,提升我国教育在全球范围内的竞争力与影响力。因此,提升教师的数字素养,不仅具有重大的现实意义,更承载着深远的历史使命与责任。学校聚焦教育部发布的《教师数字素养》标准,按照方法创新、实践锻造的教师数字素养提升路径(图 4-3),构建"标准引领—多维赋能—持续提升"的教师数字化赋能体系,将提升教师的数字素养作为大力弘扬教育家精神的重要举措之一,激发教师的创新精神和教育热情,推动教师专业发展和能力提升,为学生的全面发展提供更高质量的教育教学服务。

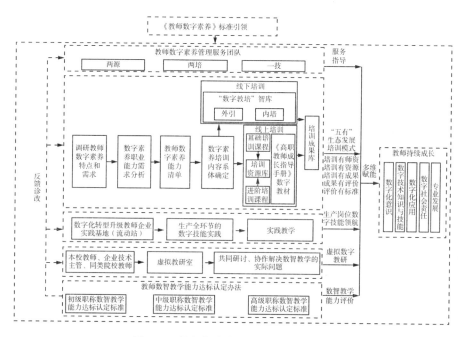

图 4-3 教师数字素养提升路径示意图

一、方法创新助力教师素养跃升

(一)"两源、两培、一技"增强管理团队综合服务管理水平

学校打造由校外数字教育教学专家、校内专职教师发展管理人员组成的教师数字化教学能力发展管理团队。团队通过参与专项培训和自主学习两种方式,致力于提升数字化教学培训管理能力。专职教师发展管理人员要不断了解数字技术的发展政策,掌握至少一种适用的数字技术,持续提高数字化培训管理团队的综合服务管理水平。

(二)"外引内培"建立"数字教培"智库

秉承以师资培训、成果产出、标准化评估为核心的数字培训建设思路,学校于校外邀请知名数字素养培训专家，在校内选拔具备数字素养的教育培训师，多管齐下，充实数字教育培训智库。在校内遴选校级教育教学培训师，着力打造校级教师数字化教学培训团队。该师资团队在职业教育理论与政策、信息技术应用、人工智能技术、专业建设、课程建设、虚拟实训基地建设等领域积累了丰富经验，并取得了优秀研究成果。校级教师数字化教学培训团队的构建，推动教育培训师的角色从培训内容的接受者转变为培训内容的创造者，打造了分层分类精准化培训的师资力量，为培训内容开发、培训实施、培训成果评价提供了智力支撑。

（三）构建分层、按需、自助式培训"充电桩"

学校利用人工智能分析教师的专业背景、信息素养基础以及教学需求，精准推荐适合的课程和资源，提供分层次、分阶段的个性化培训方案。构建基础与进阶数字素养的分层、按需、自助式培训体系，为教师提供持续且系统的数字技术培训支持。基础数字素养培训涵盖了职业教育理论、教学方法、教学设计、数字化意识、数字技术知识与技能等方面的内容，旨在提升教师的基础数字素养。进阶数字素养培训则着重于数字化教学的高级理论、数字化实践技能应用、数字社会责任、专业发展等领域，旨在增强教师的数字化教学创新能力和专业能力。进阶培训提供了多样化的选修课程，教师可根据个人兴趣和发展，随时随地自主选择参与培训活动，满足自身的个性化培训需求，从而实现数字技能的提升。

（四）形成成果导向培训链

学校构建教师发展数字资源与管理平台，推动"培训资源库与培训成果评审库"双库整合，强化以成果为导向的"数字资源、培训成果评价"培训链条，为教师提供便捷的学习入口和丰富的学习资源。教师可根据个人需求在平台上进行线上学习，系统自动记录和生成教师的培训轨迹，并将其转换为教师继续教育学时。同时，学校对申报的培训质量工程项目进行线上审核、评选和管理，实现智能、实时、立体、闭环的培训管理，有效提升培训的针对性和有效性。学校在数字化平台上设立教学案例分享区，鼓励教师上传自己的教学案例，通过分享交流，实现教师培训成果的经验共享和相互学习。

二、实践锤炼教师数字领航能力

(一) 助力教师参与企业实践

学校制定教师企业实践基地(流动站)建设计划,积极拓展先进装备制造业、战略性新兴产业以及高新技术产业中信誉良好的数智型企业,将其作为教师的企业实践基地(流动站),逐步丰富和优化实践岗位的种类与数量。在组织开展教师企业实践的过程中,根据专业(群)建设的需要和师资队伍建设的实际情况,统筹谋划、协同推进,制订专业教师企业实践计划,合理选派参与人员,明确每位教师的实践单位、实践岗位、具体任务及预期成果等内容。为确保实践效果,实行"三定管理",即明确流动站教师的工作岗位、工作职责和工作标准,对教师在企业实践基地(流动站)的实践效果进行定期的评估和反馈,纳入教师画像。同时,建立考核组,每两年对流动站进行一次全面的评估,确保实践基地(流动站)能够与时俱进地满足教师的实践需求。通过在企业中实践,教师们掌握了新技术、新工艺和新规范,实践教学能力得到了有效提升。

(二) 打造虚实结合的新型教研模式

学校制定了基层教学组织建设管理办法,所有授课教师积极参与各个基层教学组织。立足教学工作的实际情况,针对在教学实践中遇到的具体问题,如数字教材、能力图谱、人工智能模型或智能助手工具、数智课堂、人才培养方案、课程体系、课程标准、课程思政、教学设计、教学方法、教学实施、教学评价、教学成果培育以及绿色低碳等,教研室设定主题,采用集体备课、观摩课、听评课、教法研讨、经验交流、案例分析与问题研讨等方式,组织教师探索教学规律,研究解决方案,总结和提升教学经验。探索组建产教虚拟教研室,有组织地开展校企、校校联动的线上教研活动;同时,走出校门,走进企业劳模和工匠人才创新工作室、技能大师工作室等,开展线下教研活动,增强教师教学能力和教科研创新能力,促进教学创新团队、名师工作室、技艺技能传承创新平台和技能大师工作室高质量建设。

(三) 完善省、校、系三级教学竞赛机制

学校开展一系列教学竞赛活动,促进教师在教学过程中积极融入数字化技术,快速适应数字化时代对职业教育教学改革的新要求。通过竞赛实践,教师们展示数字化技术应用的才华和成果,激发教育教学创新精神和创造力,稳步提升自身的专业素养。同时,学校将竞赛成绩、成果作为评价教师数字素养的重要标准之一,量化教师在数字化技术应用方面的表现,指导和激励教师提升数字化教育教学水平。

(四)开展教师数智教学能力提升工作

学校聚焦人工智能助手使用能力、"人工智能+"课程开发能力、"人工智能+"课程实施能力、"人工智能+"考核评价能力、"人工智能+"数字教材开发能力等五个维度,分层开展初级、中级、高级职称教师数智教学能力提升工作。构建自动化评价系统,通过多维度数据采集,利用 AI 技术分析课堂录像与学生学习数据,自动识别课堂互动、学生参与度等关键指标,对教学设计与课堂表现自动评分,及时反馈问题并推荐改进措施,助力教师优化教育教学策略。构建个性化评价模型,引入深度学习与预测分析,实时动态调整监控系统指标,确保评价的公平性与针对性。促进教师间的协作评价与专家的评审评价相结合,提升评价的权威性和实用性。生成综合评估报告,涵盖教学设计的创新性、课堂管理的有效性以及教学资源的利用率等情况,深入分析教师长期教学表现,系统匹配个性化专业发展建议,为教师的职业成长之路提供科学指引。

目前,学校建成了教师培训服务管理团队和数字素养教育教学培训师智库,邀请校内外国家级、省级教学名师,相关高校院所知名专家学者,围绕数字教材建设、教学改革推进、教师发展体系构建、课程思政示范项目建设、在线课程建设应用、AI 赋能教师数字素养与技能提升、数智课程打造、生成式人工智能在教学中的应用研究与实践等主题,对数字化转型背景下教师的教育理念、教育情感、教学方法、教学手段等方面进行引领,促进全体教师提高数字化意识,提升数字化应用能力。培训师智库的建设,也带动了高层次人才的引培留用。学校目前拥有国家级、省级教学名师 9 人,二级教授 4 人,获评省级教学创新团队 6 个,黄大年式教师团队 1 个,省级名师工作室 4 个,省级技艺技能传承创新平台 2 个,省级技能大师工作室 1 个,自主培养国家级、省级技术能手、技术技能大师 16 人。

第三节 铸就专业团队的数字支撑力

数字化转型需要专业团队来实现技术与业务的系统融合。学校着眼于构建优势力量嵌入、线上线下一体、引领最新技术的数字化专业团队,将服务外包与自主建设相结合,常态化开展校内外业务培训、项目研究、场景演练,打造推动数字化转型的硬核力量。

一、明确职责,打造专业团队

专业团队是数字化转型进程中的技术支撑。学校成立由数字化工作分管同志、校园信息化部门负责人、相关职能部门负责人、专家顾问及技术支持团队组成的数字化专业团队,抓住数字化转型与重塑建设中的"关键少数",不断强化驾驭数字化发展的能力,为推动数字化转型与重塑提供强有力支撑。数字化工作分管同志负责牵头进行整体规划和决策,信息化部门负责人负责具体实施和推进,相关职能部门负责人负责本部门的业务指导和协调,专家顾问负责提供专业意见和建议,技术支持团队负责技术支持和保障,协助解决技术问题。

二、角色定位,提升整体能力

专业团队在职业教育数字化转型过程中扮演着多重角色。学校从组织领导、制度保障、技术支撑、闭环流程四个方面着手,凝聚各方力量,明确角色定位,形成推动数字化转型的强大合力。

(一)组织领导

加强对数字化转型的组织领导与统筹协调,确保整体推进和督促落实。党委主要负责同志领衔担纲,明确职责分工,确保政策制定、项目推进、协调服务和人才管理等工作有效执行。信息化部门负责人、相关部门负责人建立紧密的协同机制,及时解决工作中的关键问题,并随着"新双高"建设的深入,不断完善数字化转型工作的指标体系。

（二）制度保障

构建更加灵活的人才引进制度，以专家指导、外包服务等方式积极引进高层次数字化领军人才加入数字化建设团队中。聘请清华大学、北京师范大学、教育部管理信息中心、山东省职业技术教育学会数字校园建设工作委员会等高校、研究机构的专家和团队指导数字化校园转型规划，形成定期交流沟通机制，确保数字化转型与新标准接轨、与新形势合拍。

（三）技术支撑

与中国电子、中国软件等央企深入合作，依托优势资源打造数字化硬核军团，确保职业教育内容和方法始终紧跟产业发展的步伐。与山东大学、哈尔滨工业大学等院校互动交流，建立合作联盟，合力为数字化转型与重塑项目提供不同层面的技术支持和保障。

（四）闭环流程

强化数字化人才队伍建设，注重校内人才的培养和激活。充分利用信息工程系专业和人才优势，将学校网络信息中心与信息工程系联合，鼓励师生参与到数字化建设团队中，增强专业力量。打通团队建设的神经末梢，于每个单位和部门设立数字化专责人员，定期开展专业技术培训，增强专业团队的"造血功能"，提升牵引力、驱动力、凝聚力、执行力，确保数字化人才队伍的可持续发展。

学校获得"智慧校园示范高校建设单位"和"智慧高校数据治理卓越奖"等称号和荣誉，这在一定程度上是对学校专业团队在智慧校园建设领域实战能力和技术实力的鼓励和肯定。

数字素养作为连接现实与虚拟、技术与人文、个体与社会的纽带，不仅关乎能否在数字世界中自主畅游，更关乎能否在数字浪潮中保持理智、把握方向。提升数字素养既是对技术工具运用能力的提升，也是对理解和融入数字化时代的深化。良好的数字素养要求我们具备批判性思维，学会在浩瀚的数据中甄别真伪，区分优劣；鼓励我们遵循创新精神，利用数字技术解决现实问题，促进社会进步；提醒我们树立责任意识，在享受数字便利的同时，重视个人隐私的保护，携手共筑数字时代的健康发展环境。每一次指尖的轻触、每一次搜索的尝试、每一次分享的喜悦，都在一步步塑造着我们的数字身份。保持好奇心，遵守规则，我们的数字生活才会越来越丰富，越来越真实可靠。

第五章　治理变革：探索契合数字化思维的学校治理体系

在当今这个科技日新月异的时代，数字技术已成为推动学校治理体系和治理能力现代化的重要手段。职业院校应当紧跟数字化发展潮流，提高治理的精细化、系统化和科学化，推动职业院校管理模式创新，为职业院校治理现代化注入无穷活力。

第一，构建高效灵活、响应迅速的组织体系。打破原本固化的部门职责和部门之间的壁垒，更新学校组织架构设计，形成数字化赋能下更加扁平化和更具开放性的组织架构。跳出固化思维，重新审视现有的角色分工和业务流程，压缩层级管理，优化职责分工，实现信息共享和资源整合，强化跨部门的协作与沟通，构建更加灵活、高效的组织结构，提高决策效率和执行力度。

第二，健全与数字化转型相适应的制度体系。基于数字化的内涵特征，以制度创新为抓手，破除制约数字化转型的体制机制障碍，确立教学、科研、管理等各环节的规划目标和实施路径，确保各项改革措施有章可循、有序推进，以制度体系建设不断夯实内部治理基础。

第三，推动基于大数据的运行体系建设。依托高质量的数据和功能强大的数据平台，促使管理事务和业务工作数字化、流程化、智能化，实现业务协同、流程优化、结构重塑、精准管理，形成数字治理能力，助力学校高质高效运转。

第四，建立健全数字化赋能评价机制。深化评价改革，构建多元化、综合性的评价体系，对部门绩效、教师发展、学生成长进行数字化评估，用数据说话，依数据决策，推动数字化赋能校园治理评估方法的多元化，促进评估的客观性和全面性，确保学校治理的可持续发展。

学校围绕人才培养、科学研究、社会服务、文化传承等方面，把数字化思维贯穿其中,按照"应用为王、服务至上、简洁高效、安全运行"的总要求,推进数字化技术与学校治理深度融合、创新发展。搭建"七维并行"的运行框架,坚持机制与数据"双轨驱动",持续优化治理结构,推动部门的协同高效运转,推进教育治理数字化转型(图5-1),促使决策由经验驱动向数据驱动转变、服务由被动响应向主动提供转变,为治理变革插上"智慧翅膀"。

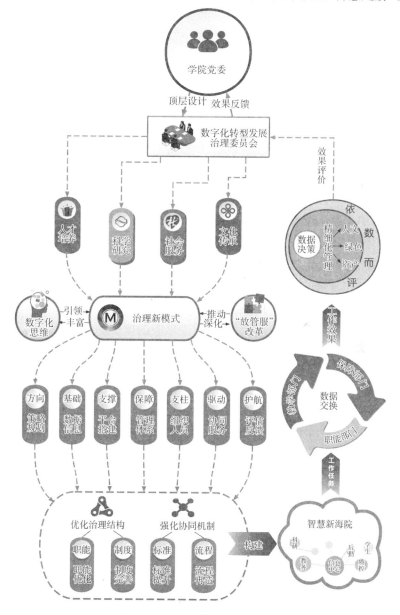

图5-1　数字化治理体系架构图

第一节　优化治理结构,提升学校治理效能

数字化转型正在重塑教育生态,也对学校治理体系提出了新的要求。但学校涉及部门多,组织体量大,不同层次的人群对数字化思维的认知程度和重视程度存在差异;传统业务层级繁复,决策链条冗长,数字化响应迟缓,迭代优化机制缺失……这些问题导致治理变革陷入"气血不足""经络不畅"的困境。学校以数字技术赋能学校治理,创新推动治理思维的转变、体制机制的完善、资源配置的优化,使治理资源被充分挖掘、调动和利用,对治理体系和治理能力进行了全方位、系统性重塑。

一、打破固有藩篱,汇聚学校转型的治理合力

党的二十届三中全会强调,必须深入实施科教兴国战略、人才强国战略、创新驱动发展战略,统筹推进教育科技人才体制机制一体改革,健全新型举国体制,提升国家创新体系整体效能。学校以数字化思维引领改革创新,围绕治理的增值性、高效性、开放性需求,突出多元共治、价值共创、均衡利益、共担责任的数据治理,优化组织框架,打破数据割据,推动跨界融合,以高质量的公共治理数据打通内部体系的"任督二脉",推动学校治理更精细、更高效,实现学校教育教学、管理服务的高质量发展(图5-2)。

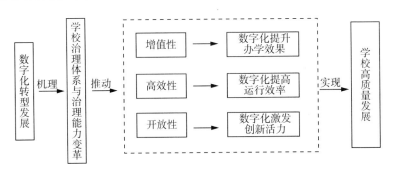

图5-2　数字化转型赋能学校高质量发展示意图

(一)转变思想观念,培养数字化的治理思维

数字化思维带来了全新的视野,推动着思想观念的转型变革。学校聚

焦关键要素,按照化繁为简、化难为易的逻辑思维模式,对原本复杂的管理层级抽丝剥茧,探索扁平化管理,系统考量和统筹推进战略规划、基础支撑、执行实施,不断探索数字化治理的解题路径,以数字化转型促进治理效能和教育质量提升。

学校打破原有部门的壁垒,以数据视角重构管理与业务流程。突破原有业务架构的局限,从数据流转的视角理顺线上、线下、跨部门业务之间的先后关系,最大限度地整合分散在不同部门的相同或相似的职责,形成高效协同的工作机制。在服务师生健康方面,按照以往的职责划分,后勤部门负责医务室的管理,学生部门负责学生健康状况的监管,工会负责教职工健康的服务,容易造成健康管理力量分散、信息流通不畅,形成孤岛效应,难以为学校的健康管理决策提供科学参考依据。学校破除固有的管理思维,围绕大健康管理,将数据信息与互联网健康管理系统进行深度融合,基于底层数据的同步、共享,打造"一中心一平台、三大功能、十九大分区"的健康促进中心(图5-3),提供生理健康与心理健康、中医与西医、线上问诊与线下就医、专业建设与医疗服务同步覆盖的健康管理服务,实现师生健康管理全流程的数字化转型、全场景的智慧升级、全方位的决策支撑。

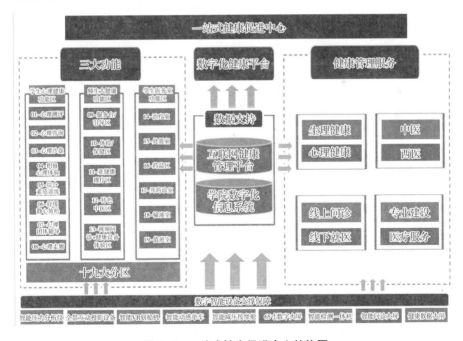

图5-3 一站式健康促进中心结构图

(二)健全体制机制,保障治理变革的持续运转

数字化技术的应用为学校治理带来了新机遇和新要求,相应的规章制度也应当与数字化思维相契合、与数字化技术相匹配。学校坚持制度化推进,以数字化思维强化制度供给,努力为数字化转型营造更好的环境,推动制度优势更好地转化为数字治理效能。

学校抢抓教育部和山东省共建国家职业教育创新发展高地带来的重大历史机遇,将数字化转型确立为改革与创新的核心引擎,广泛开展解放思想大讨论活动,深入科研院所、企事业单位、行业园区等走访调研,召开会议研究论证,制定了《威海海洋职业学院数字化转型行动方案》。同时,学校以此为纲,编制了涵盖数字运行、数据资产、教学改革、社会服务等的近30个支撑文件,并持续补充完善,以加速推动数字化思维与教学、科研、人才培养及管理服务等各个环节深度融合,引领学校组织管理架构、教师评价体系及学生成长路径的全面数字化转型升级。其中,基于制定的《关于激励干部干事创业建立容错纠错机制的实施办法》,在严守党纪国法、保持清正廉洁的前提下,对以数字化思维推进改革创新中出现的失误和偏差,应容尽容,鼓励干部放下包袱、大胆探索,进一步彰显数字化治理的内涵性、包容性。

学校以职业教育全过程中的关键过程、重点要素为核心,将卓越绩效评价准则"领导、战略、顾客、测量分析、员工、运营、结果"和质量管理体系的"领导作用、策划、支持、运行、自我诊改、绩效评价、持续改进"七大主题相结合,构建治理标准框架,体现职业教育中利益相关方多元化、企业深度参与的特性。结合学校治理工作的特点,创新设计《职业院校卓越绩效评价与质量管理体系要求》标准,基于数据平台的数据采集、分析和应用,自觉识别管理优势和短板,制定战略目标,设计、管理和改进工作系统和工作过程,形成微观的质量标准,进行长效评价,不断实施自我改进,促进治理能力提升。

(三)优化资源配置,筑牢数据治理的基础根基

优化资源配置是推动数字化转型的重要抓手。在工作推进过程中,我们发现原有的机构设置、职责分工以及运行模式存在叠加冗余和空白断档的问题,部分数据资源犹如孤岛,游离于运行体系之外,信息间缺乏有效流

动和共享。这不仅阻碍了工作效率的提升,还影响着整个组织应对复杂问题的灵活性与应变性。因此,学校深入推进职业教育数字化转型,以"大部门、大职能、大服务"为导向,对原有的机构设置、职责分工和运行模式进行深刻的反思和改革,重新界定或理顺业务范围和资源配置。

学校以跨层级、跨系统、跨部门、跨业务的高效协同为突破,以数字赋能为手段,减少管理层级,优化资源配置,建立信息高效流通的数据治理体系。以打造的省级工匠学院为基础,在数字化思维的引领下,动态收集数据,打通部门壁垒,加速信息流通。依托数字化平台汇集师资队伍、实训基地、品牌课程、社会服务等资源,配备专业的培训师资队伍,搭建完备的技能实训基地,提供完善的协同运转与配套服务,形成健全的技能培训体系,为地区的创新驱动发展、经济转型升级提供动力源泉和人才支撑保障。

二、重构运行体系,搭建学校数据治理共同体

治理的数字化转型通过重塑运行框架、提升内涵建设、强化基础数据支持,统一目标,统一标准,统一规范,面向不同师生群体提供差异化、个性化服务,构建立体、生动的数字化管理新生态。

(一)强化顶层设计,搭建"七维并行"的运行框架

学校立足全局发展视角,确立数字化转型为发展核心战略,将数据运行的体系框架进行设计、再造、交叉、融合,从方向、基础、支撑、保障、支柱、驱动、护航七个维度,构建包含方向指引、基础构建、支撑服务、保障机制、核心支柱、协同驱动、安全护航等七个核心要素的数据治理运行体系(图5-4),在策略规划、数据管理、平台搭建、管理体系、组织人员、协同服务、评估反馈等方面积极探索实践,全方位提升管理效率和服务水平,为学校整体数字化转型和发展提供坚实的支撑。

方向维度:围绕提升教育质量、促进科研创新、优化管理服务等核心任务,坚持数字化思维,主动把握方向、制定策略、落实机制,确保教育管理工作更加有的放矢。

基础维度:制定数据质量规范,确立数据标准、采集方法,提升数据的精确度与实用性,筑牢数据规范化管理与高效能利用根基。

支撑维度:打造一体化数据仓库与服务平台,实现数据的集中存储、无缝交互与便捷应用,提高数据处理的效率与效能,为各部门及业务系统提

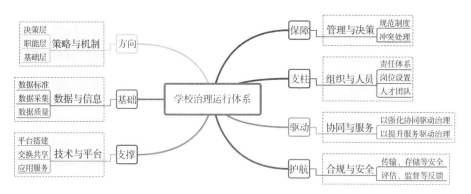

图 5-4 治理运行体系框架图

供坚实的数据支撑。

保障维度：健全完善制度规范，梳理资源配置体系，建立健全冲突解决机制，支撑管理工作顺畅开展，提升各部门间的协同合作效率。

支柱维度：引进与培养专业人才，组建高效的数据治理支柱团队，依据职能、教学、保障部门的岗位职责，科学合理地分解任务，系统汇总业务执行过程中的数据，切实发挥在优化与调整决策中的关键作用。

驱动维度：建立部门间的协同运转与配套服务体系，通过数字化平台整合资源信息，预测更加精确的发展态势，推动学校业务高效运转，为师生提供优质的数字化服务。

护航维度：构建治理体系评估与监督机制，定期对相关工作进行梳理与反思，紧密贴合发展需求与技术革新趋势，迅速识别并纠正工作中存在的问题，灵活调整战略与方法，实现治理持续改进与优化。

（二）强化内涵建设，催生治理运行新模式

学校加强体制机制等内涵建设，建立联动协作机制，实现数据治理体系的有效运行，逐渐形成"用数据说话、用数据决策、用数据管理、用数据服务、用数据创新"的治理新格局，保障数字化赋能管理运行的顺利实施。

学校成立数字化转型发展治理委员会，党委书记任主任，各分管同志分别牵头专班。针对"七维并行"治理框架变革中的制度冲突、系统冲突、流程冲突等困难窘境，专班研究推进。学校遵循数字化思维，关注核心任务与目标，以数据高效运转为导向，精心构建数据分析处理系统，对任务执行结果进行及时的分析反馈，推动流程持续优化与再造（图5-5），形成循环往复的闭环系统,提高业务流程的透明度和响应速度,实现信息即时传达与无缝对接,确保信息的准确和高效。

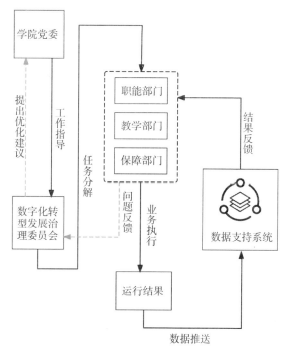

图 5-5　业务流程优化与再造流程示意图

基于高质量的数据和功能强大的数据平台,校务数据可以灵活、便捷地赋能学校的治理与发展。学校重新理顺数字化框架下职能部门、教学部门、保障部门的职责,重组和新增部门职能 7 项,整合、优化部门职能 23 项,进一步缩短数据运行线路,有效推动了业务流程优化,提升了管理效率。例如,学校原有的财务报销模式不仅耗时费力,而且容易因信息不对称出现疏漏,影响预算执行的精准管控。业务流程优化后,依托数字化平台,精简审批流程,从经费申请的预先录入开始,平台自动生成审批单据,智能调度部门经费使用情况,实现自动化处理。同时,数字化平台的智能化分析功能可用于分析历史报销数据,反馈决策,不断优化经费预算编制方案,推动预算管理提质增效。

学校创新评价方式和结果运用,打破了层级壁垒和管理束缚,依据基层资源配置详情、战略实施进度及其成效,有针对性地提供更多的信息资源与决策辅助,通过评价改革释放赋权空间,为基层解绑赋能。各基层部门单位联合融通数字化评价系统,共建更加灵活、开放、协同的治理环境,进一步激发了自身活力与深层潜能。学校在职称评聘改革过程中,充分整合教学、科研、实验实训、技能大赛等数据,立体获得教师的执教能力、科研能力、实践能力和技术服务能力等方面的数据,并据此分门别类地调整权责,提高了职称竞聘工作效率。同时,以数据运行结果为导向,修订完善《威海海洋职业学院专业技术岗位设置与竞聘上岗实施方案》,科学设定晋级、晋职名额,将评聘中级、初级职称权限下放至二级单位,最大限度地调动了职工在教学、科研、服务工作中的积极性,提升了教师对职称竞聘工作的认可度。

(三)夯实基础数据,提供学校数据治理精准支撑

学校以数据要素和数字技术为驱动,加强以数字化为主导的教育新基建体系建设,将各级各类数据进行全面整合。这就像把散落的珍珠串成项链,让教育教学、师生发展、财务数据、产教融合等在这个平台上互联互通,形成一个有机的数据整体,为教育治理提供全面的数据支撑。

学校以数字化部门有效统筹全校其他部门共同参与学校治理。信息管理中心将各职能部门业务数据全面纳入管理目录,理清数据源头,掌握数据形态,更新数据周期,落实工作责任。大力开展业务数据治理、平台应用建设、校务数据服务工作,将业务信息数据化逐步融入数字化运行的体系脉络,赋能学校治理体系创新。业务部门按需共享数据,以集中式与分布式相结合的方式存储数据。

学校教务处(教师发展中心)以"绿色发展、数字引领"为导向,系统改进原有的工作模式,汇总收集各部门对教育教学的需求子集,搭建教师发展管理系统,动态收集教职工的人才培养、课题研究、实验实训、技能大赛等信息,自动生成相应图表,绘制职工教育教学数字画像,全面、直观地展示教职工个人的具体情况、教职工队伍的发展变化趋势,为学校精准组建专家团队、争创高水平专业群等工作提供数据支撑。

学校依托数字化平台,将党的建设、校史教育、廉洁教育、安全教育、教师发展、教育教学、社会服务等相关数据资源进行整合,推动上述领域数据信息的跨界集约、共享互动,为学校治理提供基础数据支持。同时,基于数据信息,打造数字化师生综合素质培训基地(图5-6),按照"一馆多用,多元

共生"的思路,将分散化应用转变为一体化使用,促进单场景孤立应用升级为多场景切换应用,整合了空间,节约了成本,保证了师生素养提升的时效性、连续性、系统性。

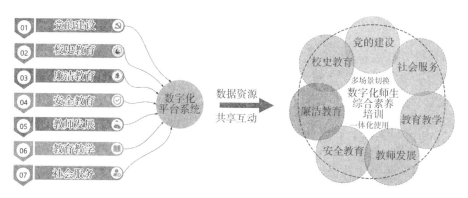

图 5-6　数字化师生综合素养培训基地场景一键切换示意图

第二节　建强协同机制,构筑管理服务新范式

"积力之所举,则无不胜也;众智之所为,则无不成也。"以数据资源整合共享为基础提升数字协同治理能力,有利于破除部门间的数据壁垒,促进跨层级、跨系统、跨部门的数据互通共享、协同联动,推动学校治理数字化转型。学校制定统一标准和规范,发挥数据驱动作用,实现各单位、各部门数据的治理与整合、开放与共享、应用与转化,为管理和服务提供基础支撑。

一、数据治理与整合,发挥数据驱动核心作用

数据治理作为一种系统性方法,通过促进数据的整合,可以实现"1+1>2"的协同效应。学校加强数据采集、存储、处理和应用的全流程管理,促进数据流动与整合,形成跨部门的数据合作机制,为数据驱动决策奠定基础。

(一)统筹部门职能,建立统一标准与规范

有了数据标准才能保障基础数据的一致和严密。学校聚焦解决数据

孤岛现象，构建全面、统一的数据交换标准和协议体系，打造校级数据资源体系。

学校根据部门岗位职责，基于数据流进行数据梳理，充分了解学校数据现状和应用需求，有效利用现有的数据资产，建立真实有效的数据标准体系，形成48个信息集。不断升级标准规范，编制《威海海洋职业学院信息标准规范》，明确数字化平台建设过程中管理信息的基本结构、数据元素的元数据结构，以及管理数据元素和管理信息代码等基础信息。

学校坚持"一数一源"原则，加强数据管理，建立完整的数据记录体系，包括数据的采集时间、采集方式、采集人员、使用记录、修改历史等信息，准确掌握数据的动态变化，确保数据的可溯性和一致性。

校级数据资源体系的构建与运行，不仅提升了数据的可用性和共享效率，为学校各项决策提供了强有力的数据支撑，而且促进了各部门之间的协同合作，提升了学校的整体管理水平。不同来源的数据整合在一起，形成一个完整的数据集，数据迭代效应凸显，数据价值倍增。

（二）抓好质量管控，实现数据信息良性互动

数字化转型的成功往往依靠高质量的数据。学校把数据的质量作为落实数据治理责任的关键，按照"确立标准、构建平台、先期治理、后续应用"的数据管理思路，以数字化平台为基石，聚焦关键数据应用场景，建立全面、准确、及时、一致的全域数据体系，全方位、无死角地收集、处理各类数据，充分发挥核心数据在智慧校园建设中的作用，为人事管理、教务运行、科研活动、教学研究以及资产管理等领域提供高质量的数据信息。

学校基于"一表通"系统，实施数字化平台数据的无感知收集与自动化整理。建立严格的数据审核和校验机制，对数据的产生、采集、存储、使用、销毁等每一个环节进行详细的权责划分，确保数据的准确性和可验性。同时，对数据质量进行实时管控把关，推动平台数据的优质提升。为提升教育教学的数据质量，编制《威海海洋职业学院教师教学质量评价办法》，建立教学质量评价体系。教学督导通过线上巡课系统进行点评，学生通过在线评价系统反馈意见；相关数据动态汇总于数字化平台，及时反馈给授课教师；教师针对课堂实录再完善教学设计，提升教学效果。数字化平台收集的数据质量也随之改善，形成良性循环。

（三）组建数字化专业队伍，培养数字化专业人才

数字化人才是推动数字转型与持续创新的重要力量。他们能够有效驾驭前沿的数字技术，将技术能力与学校业务知识深度融合，从海量数据中挖掘价值，设计出既高效又符合需求的数字化解决方案，为学校的决策制定提供科学依据。

学校高度重视数字化人才的培养和引进工作，实施外引内培计划，培养数字化专业人才，组建数字化专业队伍。制定《威海海洋职业学院人才引进与培养管理办法》，通过国内外渠道广泛招募拔尖创新人才。引导各部门重点培养1—2名数字化人才，纳入学校数字化人才库。邀请数字化领域的专家，针对不同群体和类别提供专项培训，帮助他们掌握数字化技术，塑造数字化思维。启动增值赋能的"五个所有"行动：所有人员学习数字化知识，所有课程融入数字化元素，所有科研项目借助数字化手段，所有办公流程实现数字化管理，所有社会服务趋向于数字化发展。另外，鼓励教职工积极参与数字化教科研项目、典型案例征集、在线精品课建设、数字资源库建设等工作，持续提升个人的数字化素养。这些措施提升了教师的数字化素养与技术应用能力，促进了数字化思维与技术在教育教学、科研创新、管理和社会服务等方面的广泛有效应用。

二、数据开放与共享，建立协同管理机制

数据只有开放共享才能得到价值释放。学校建立建强协同管理机制，打破人、财、物以及信息、流程等之间的壁垒，实现校内外数据互联互通、开放共享，并提供价值化的数据评估与反馈，为学校决策提供更有价值、更加全面、更为准确的数据支持。

（一）做好跨部门、跨单位、跨领域协同合作

数字化转型注重从封闭式边界思维转向开放式跨界思维，鼓励不同领域之间资源共享、信息互通、合作共赢，追求整体最优，实现资源最大化利用和价值最大化创造。学校依托数字化平台，建立有效的协调机制，促进各部门、各单位间的融合共通，形成工作合力，提高处理复杂事务的效率，达到"高效处理一件事"的效果。

建立有效的沟通机制和协调机制。学校定期组织部门联席会议、跨部

门培训和交流活动，提高彼此之间的业务熟悉度，促进知识与经验的交叉融合。这样一来，各部门之间不再是分隔的信息孤岛，而是紧密相连的合作伙伴。学校还建立有效的激励机制和考核机制，将协同工作情况纳入部门考核，对协同任务数量、协同完成质量、协同任务占比等情况进行赋分，年底评选内部协同标杆单位，以此提高各部门参与协作的积极性和主动性。

科学合理设定绩效考核标准。学校紧密围绕数字化发展的核心要求，修订完善《威海海洋职业学院绩效考核办法》，强调各部门在数字化资源的应用、数字化平台的建设、信息系统的使用效率以及数据安全与保护等方面建立新的评价指标，以全面评估各部门在数字化转型过程中的实际成效和创新能力。学校还创新性地设立奖励制度，对在数字化建设中表现突出、成效显著的部门和个人，给予荣誉表彰、物质奖励、职业发展机会等多方面的激励，通过树立典型、表彰先进，营造积极向上、勇于创新的良好氛围，为数字化转型发展注入动力。

学校在加强校内层面协同合作的同时，持续加大面向社会各领域的开放力度，探索政校行企多元参与的治理模式。学校与政府建立紧密合作的关系，与威海各区市签订校地合作协议，参与或主导区域性的数字化教育项目，争取政策支持与资源倾斜；主动对接企业，与威高集团、达因药业等430多家企业"联姻"，依托行业企业，联手产业园区，全面开展校企合作，共建数字化实训基地，开展联合研发项目，持续深化产教融合、科教融汇，增强服务地方发展的本领；加强与社会公众间的交流共享，建立数字化教育联盟，开发数字化课程与教材，举办数字化教育论坛，共享优质教育资源，搭建经验交流、资源共享的广阔舞台，为社会公众提供便利的服务，提升在数字化教育领域的影响力和竞争力；发起"大型科研仪器设备和科技创新平台共享共用"倡议，科研平台和实验实训室全部对社会开放，建立统一的数据平台，推动数据的全方位开放与共享，提升资源的社会化利用效率。

（二）推动建立数据评估与反馈机制

构建数据评估与反馈机制，对于协同管理至关重要。学校通过数据驱动，实时汇总并分析涵盖业务部门发展、教师教学回馈、学生学习进展、校园安全稳定及资源利用效率等多维度的数据，迅速捕捉教育活动的动态，及时识别问题并采取优化措施，预测更加精确的发展态势。

建立科学的数据评估指标体系。学校围绕高质量发展指标,开展自上而下的自我审视与革新,编制各单位考核明细,形成数据指标库。明确每个指标的评价标准和达成路径,形成办学质量考核"强弱项、补短板"任务清单,为各教学和管理单位提供清晰的行动指引,确保工作有目标、有分解、有过程、有考核。

完善数据反馈机制。学校依托数字化平台,内置数据分析模型与预测算法,将实时采集的数据与标准数据进行细致比对,深入挖掘数据背后隐藏的规律与未来趋势。定期形成评价报告,借助数据可视化工具,将评估结果转化为直观的图表与报表,一目了然地掌握数据全貌与工作进展。基于累积数据自动生成年度办学质量考核总结报告,科学、客观地呈现各项考核指标的详细得分,通过智能算法深度剖析,明确指出诸如教学资源配置失衡、课程结构不够合理、学生辅导体系亟待完善等存在的问题与短板,提出具有前瞻性的改进策略与后续行动计划。

在教职工聘期考核方面,学校制定了《威海海洋职业学院教职工聘期考核办法》,针对管理岗、专业技术岗两类人员,设立聘期考核任务,将具体指标录入数字化平台的相应子系统,标清底线、红线、动态监测、评估教职工的任务完成情况。对于接近或超出预设阈值的指标,系统会及时发出提醒,确保教职工顺利完成聘期考核任务。

三、数据应用与转化,形成协同服务体系

学校从人本出发,以数字技术推动人文关怀,通过数据的深度应用与转化,形成协同高效服务体系,持续优化教育服务质量,拥抱智能向善的数字未来。

(一)以"服务师生"为中心,优化数字化服务举措

师生满意度是衡量数字化转型成功与否的试金石。学校坚持以人为本,运用数字技术为师生提供多元、便捷的服务,以满足师生多样化、个性化的需求,不断增强师生的获得感与满意度。

学校聚焦提高师生的数字素养,强化数字化思维,设计一系列培训项目、工作坊和在线课程,使师生成为数据创造者,让数字技术成为他们展示自我、探究合作和解决问题的工具。开发一系列数字化服务应用,将其深度融入师生学习、工作和生活场景中。利用物联网、边缘计算等技术实时

动态掌握机关内部的能耗情况，例如一台空调设备什么时候启动、不同气候和人员密度时设置的温度等，大数据智能风控中心自动记录、后台人员修正并作为经验，不断调整优化，直至自动找出最佳的空调温度，降低碳排放。通过构建智能云平台，师生实现刷脸支付。智能云平台区块链技术可溯源食材，使原料生产、运输、处理全流程一目了然。大数据平台根据师生每日餐饮食材进行智能分析，了解用餐人员的喜好，减少浪费，提高服务品质。学校综合运用入侵报警系统、视频监控系统、出入口控制系统、周界防护系统等实现对校园的全面监控。智慧图书馆系统则提供了图书的在线借阅、归还、续借等服务，为师生创造了高效便捷的阅读体验。

数字化服务不仅体现在具体应用上，更体现在对数据的深度挖掘和使用上。收集和分析师生的行为数据，深入了解他们的学习、工作、生活习惯和需求，可以提供更加个性化的服务。例如：根据师生的借阅记录和偏好推荐相关图书和资料；根据学生的消费数据提供更加精准的助学帮扶；等等。这些个性化的服务不仅提高了师生的满意度和幸福感，也进一步推动了数字化转型进程。

（二）以"提质增效"为目标，完善数字化服务体系

数字化不仅是技术革命，更是治理提质增效的重要引擎。学校着眼于完善数字化服务体系，提升系统的易用性和响应速度，加强人事、科研、教学、学工管理等多方面同类系统的集约，破除若干系统层层包容，实现一键式快速穿透，着力提升用户体验的服务质效。

为了积极推动全数据上网，信息管理中心将基础库、主题库、专题库和指标库的数据进行深度融合，通过统一的数据标准和接口规范，将数据资源进行全面整合与集中管理，构建互联互通、应用齐备、协同服务的大平台。无论课程选择、成绩查询、图书借阅，还是后勤服务、校园活动报名，都可以在这个一站式服务平台上轻松便捷地完成。

第三节 数据治理赋能，实现管理数据价值化

随着数字化转型的逐步深入，学校各类教育教学数据被精准捕捉，汇集形成庞大的数据海洋。这些数据经过科学的挖掘、筛选与利用，转化为

管理的宝贵资源,推动管理逐渐实现从经验管理向数据管理转变、从被动应对向主动预见跨越。数据实现价值化转变,驱动教育决策,催生教育评价的新模式,引领教育管理领域"依数而治"的深刻变革。

一、数据治理,推动学校管理趋向精细化

数据治理作为现代学校管理的新引擎,悄然引领着学校建设步入一个高质量发展的全新阶段。学校以人文为魂、以绿色为翼、以资产为柱,将数据治理深度融入发展的每一个环节,开启教育数字化转型的新篇章。

(一)实现人文管理的精细化

数据治理在校园人文管理中发挥着重要的技术支撑和决策引导作用。学校全面收集、系统整合及深入分析学生的学习成绩、行为表现以及教师的教学质量与科研成果等多方面的数据,更精确地识别师生的需求与存在的问题,确保规划与政策的科学合理性,有效推动管理变革,并引导师生行为,激发创新潜能,促进人的全面发展。

学校针对行政管理、专任教师、实验技术、辅导员等多类工作岗位的特性,设计了 56 个不同层次的岗位说明书。这些说明书细分大、中、小项目,并包含权责程度、工作成效等可量化的标准。通过数字化平台,统筹生成所有教职工的岗位工作分析报告,全面展示职工的工作情况。针对大数据反馈的整体共性问题,以人文关怀为切入点,实现人岗相适,激发与提升教职工的创造力与内在潜能。目前,学校师生达 13 000 余人,没有从事教学工作的行政管理人员只有 31 名。虽然管理人员的规模相对精简,但日常工作平稳有序,这得益于教职工队伍人岗配置的合理以及每位成员履职能力的全面激发。

(二)实现绿色管理的精细化

在数字化治理背景下,学校应用大数据、云计算、物联网等先进技术,从生态教育、能源管理、资源循环利用等多个维度入手,精准施策绿色管理。这不仅有效降低了能耗与排放,提升了资源利用效率,还培养了师生的自我管理意识,促进了绿色生活方式的普及,为实现绿色发展目标贡献了力量。

学校开展绿色低碳健康专项行动,牢固树立"健康第一"的教育理念,真正把健康教育作为学生成长、成才的首要标准,让先进的教育理念内化

于心、外化于行。建立绿色低碳健康管理体系,引导师生员工争做绿色低碳健康的引领者、倡导者、实践者,塑造具备学校特色的绿色低碳健康文化。以体重管理为支点,以智慧校园为依托,以构筑"数字+绿色"双底座为抓手,搭建大数据健康管理系统(图5-7),动态监测师生的健康指数,自动绘制师生的"健康数字画像",智能生成健康数据综合分析报告,定期向个人用户端口推送体重控制、健康减脂、营养食谱等管理建议,引导师生关注身体质量指数健康金指标,科学制订增强体质的健康计划,逐步养成健康的生活方式。活动开展仅半年后,242名超重以上的教职工共计减重993.2公斤,平均减重4.1公斤;自愿参与的2854名超重以上的学生共计减重4438.6公斤,平均减重1.6公斤;进入绿色区间的师生已达53.2%。同时,学校推进资源监测集成,构建绿色低碳健康管理平台,改善数据健康管理系统,连接能源监督系统、办公品领用系统、食堂评分系统等多个子系统,实时掌握各部门的资源消耗情况,精准分析能源使用效率,科学制定节能减排措施。能源消耗方面,对比上年度,用电量下降3.36%,用水量下降2.76%,办公耗材领用量减少7.2%,食堂油、盐、糖使用量分别减少5.1%、8.5%、5.6%。

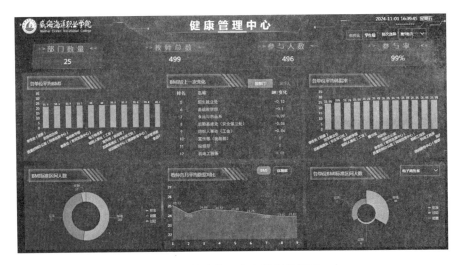

图5-7 健康管理中心数据分析屏

(三)实现资产管理的精细化

随着数字产业化和产业数字化的发展,数据资产加速积累和增值,数据资产会很快超过实体资产,形成"七三分天下"的格局。以往,数据资产管理受限于传统流程和人工操作,数据利用率低下,大量有价值的数据如同沉睡的宝藏,未能得到充分挖掘和利用。随着数据治理的深入推进,一批有价值、可运行的数据资产被全面激活,焕发出新的生机活力。

为保护数据资产的隐私与安全,推动其持续增值,学校研究制定《威海海洋职业学院数据资产管理办法》(图5-8),对学校各部门在运行过程中通过数字化平台系统形成的数据资源进行精细化管理,对数据资产的采集、储存、加工计算、交流与开放共享、安全管理和销毁处置等环节进行全面管理,促进数据资产的科学配置和有效利用,充分发挥数据资产在内控质量保障和数字化转型中的关键作用,使其向更高水平的数字化、智能化发展迈进。

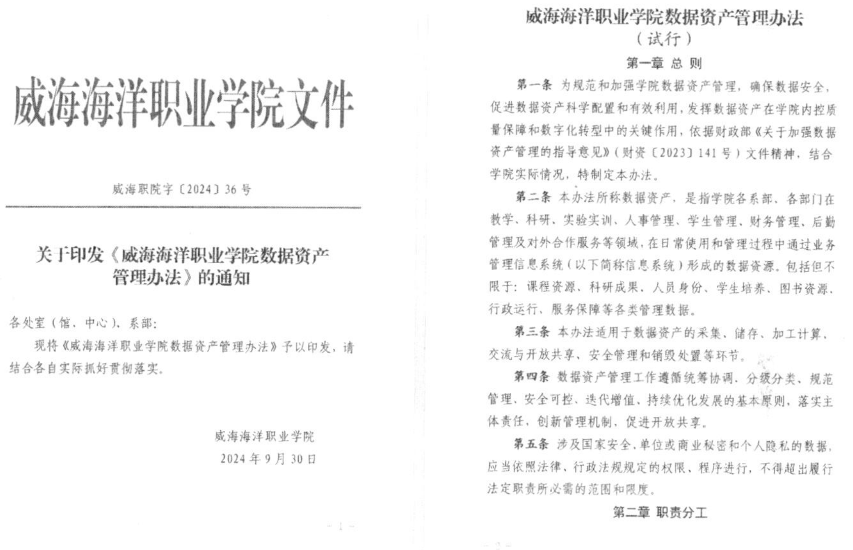

图5-8 学校数据资产管理办法

二、放权赋能,深化学校"放管服"改革

"苟利于民,不必法古;苟周于事,不必循旧。"在管理实践中,传统的"管"与"服"模式已难以满足新时代教育发展的需求。尤其是在数字化转型的大潮中,数据治理下的放权赋能,成为推动"放管服"改革的关键力量。

（一）思想革新，推动学校"放管服"改革

"放管服"改革不仅意味着行政程序的精简优化，更意味着管理哲学的深刻转型。学校探索实施"简政放权、服务升级"策略，从"管理主导"迈向"服务优先"，从"严格控制"转为"全面赋能"，激活基层单元的活力与创新能力，提升管理效能与服务品质。

学校的"放管服"改革立足市场的作用和师生的需求，从"放""管""服"三个方面，系统推动管理服务职能深刻转变。在"放"字上减负松绑，充分释放部门活力，通过自我革新，紧扣问题导向，按照"放权、精简、整合、共享"的原则，详细梳理并彻底下放权力，确保"应放必放"，为创新松绑。在"管"字上强化监管，依托数字化平台，优化管理机制，强化事中事后监督，构建权责明晰、任务具体、流程规范的监管体系，保障下放权力得到有效执行，不出纰漏、发挥实效。在"服"字上力求乘数效应，不断提升服务品质，通过加强教务、科研、人事等多平台间的协同合作，让数据流动起来，真正让数据多跑路、师生少跑腿，让"跑一次"成为上限、"不用跑"成为常态，提高服务的精细化、精准化。

（二）数字引领，生成"放管服"改革运行新模式

在数据治理的引领下，学校的"放管服"改革逐步迈向了新模式，通过大数据、云计算、人工智能等先进技术的应用，打破了传统管理的时空限制，构建了高效运转的一体化校务服务体系，使管理决策更加快速、准确、灵活。

在实践中，学校采取"列、减、放、搭、优"五项措施来推动"放管服"改革：一是列清单，聚焦影响高质量发展的难点、痛点和堵点，开列问题清单、建议清单和权力下放清单，明确改革方向和重点任务；二是减程序，通过建章立制、优化体系架构，简化办事程序、办事环节，提高工作效率；三是放权力，调整学校与各职能部门、教学部门、保障部门的权力边界，明确相应职责，从多个方面下放权限，扩大部门自主权；四是搭平台，坚持线上线下相结合，构建高效运转的一体化校务服务体系，推动各部门业务协同、联办合办；五是优服务，依托数字化服务平台全面掌握师生信息，及时响应师生需求，提供优质服务。这些措施的实施，推动"放管服"改革落地生根，驱动管理焕发新的生机与活力。

三、治理变革,实现学校管理的"依数而治"

习近平总书记指出,治理和管理一字之差,体现的是系统治理、依法治理、源头治理、综合施策。在新时代教育评价改革的大背景下,学校明确数据赋能师生评价、智慧助力师生成长的工作思路,通过设施云网化、业务数字化、流程在线化、运营数据化、决策智能化等手段,进行数据的精准采集、流程的化繁为简和决策的科学应用,对部门、教师、学生分类进行数字化评价,以实现学校治理的精准化、高效化和人性化。

(一)部门评价

在数字化转型的推动下,学校以省、市办学质量监测为导向,通过智能化数字系统,探索部门差异化评价办法,在细化考核指标、突出过程评价、注重实绩实效等方面,以数据说话,发挥评价考核的"指挥棒"作用,赋能学校精细管理、高效运行、全面发展。

各部门围绕自身核心职能,以结果评价为导向自行确定3个以上数字化核心指标,作为年度必须完成的任务。各部门结合业务属性,坚持发展性指标与约束性指标相结合、自主性业绩与协同性业绩相结合的原则,分门别类增设考核指标,细分A、B、C三类单位。A类单位:承担专业建设任务的教学部门——以自主性业绩为主,兼顾绝对值和增长率;B类单位:与办学质量考核直接相关的职能部门——以协同性业绩为主,主要看增长率和位次提升(办学质量考核中部分指标的排序赋分);C类单位:与办学质量考核不直接相关的职能部门与保障部门——主要看服务性指标。学校针对省、市二级考核倾向,制作任务分解图与赋分数值表,开发"一表通"内部运行基础数据库,组建内部运行管理平台,定时采集、即时呈现、比较分析、动态评价,全面展现学校的发展数据,实现数据共享、互联共通。同时,研究制定《威海海洋职业学院教学科研人员在校企合作企业兼职取酬管理暂行办法》《威海海洋职业学院教科研成果管理认定办法》《威海海洋职业学院教师教学质量考核认定管理办法》等相关配套文件,为评价改革的深入实施提供制度保障。

部门评价新模式实现了学校内部的深度融合与协同创新,构建了校园智慧治理新生态,形成的《精准数字画像赋能学校精细化治理》《数据治理体系建设的"动与行"》两个案例获评山东省"2024年数字化赋能教育管理信息化建设与应用典型案例"。

（二）教师评价

传统的教师评价往往依赖于评价者的主观判断和经验积累，难以做到全面、客观和公正。而数字化的应用转型提供了全新的思路和方法，打破了冗杂的传统评价模式，实现了教师评价的提质升级。

学校基于数字化综合平台的高效运行，动态收集人事管理系统、教师发展管理系统、职称评聘管理系统等子系统的信息，汇总教师的教学成果、科研贡献、师德师风等多方面的数据信息，同步进行数据整理汇编，形成个人数字画像（图5-9）。这不仅能够客观反映教师的工作表现，还能够为学校师资队伍的建设提供科学依据。

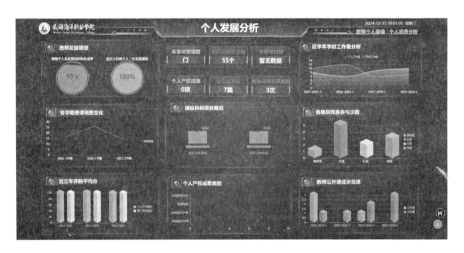

图5-9 教职工数字画像

数据治理为教师管理带来了独特革新。个人数字画像记录了教师的基本信息，如学历、资格和职称，还涵盖研训记录、课题研究、社会服务等动态信息，形成了完整的个人电子档案。在存储电子档案的同时，系统还保存了档案的结构化字段信息，便于检索、调用和统计，真正意义上实现了档案的数字化管理。这种一人一档的模式，如同"永不消逝的电波"，确保了每位教师的档案长久保存且随时可查，解决了纸质档案调用烦琐、检索困难、易损坏等问题。

依托数字化个人成长档案,可以实现全体教师个人信息的全面覆盖与动态更新,形成相对客观、公正的评价结果。根据使用部门、使用人的业务需要,开设不同的数据权限。校领导可以查看全校教师的个人成长情况,部门负责人可以查看本部门教师的发展情况,每位教师可以查看其他教师的科研、教研、大赛等业务信息。管理者依据教师的信息制定促进教师发展的配套措施,教师个人对照相互信息制订更为切合自身实际的发展计划。教师评价新模式有效激发了教师的积极性与创造力,助推教师队伍发展进步。

(三)学生评价

传统的学生评价模式往往仅限于学业成绩与日常行为,难以全方位展现学生的综合素养与个性风貌。随着数字化技术的整合融入,人机协同模式下的"AI辅导员"为学生评价体系带来了全面革新。其凭借"一站式"社区服务大厅,系统性地收集包括家庭情况、学业成绩、二课表现、心理健康、企业实践等多方面的数据,在学生社区内形成一站式集成、网格化管理、精细化服务、信息化支撑的综合线上管理模式。这种模式能够高效筛选有效信息,为每位学生打造专属的数字档案(图 5-10),推动学生管理工作的精细化,促进学生的个性化发展。

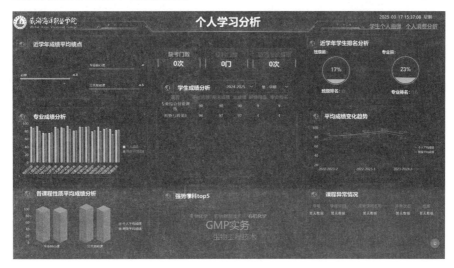

图 5-10 学生数字档案

在数据驱动下,"AI辅导员"避免了人为偏见,能够精准描绘学生的个性全貌,确保了评价结果的客观公正,有助于提升学生的学习热情、自我认知与未来规划能力。此外,它还为教育培养工作提供了数据支撑与决策依据,通过生成即时报告,帮助教师有效调整教育策略,平衡教育资源,缩小教育差距,构建更加公平、包容的教育环境,促进教育质量的全面提升。

治理模式在数字化浪潮中经历了新的变化,从僵硬的桎梏中破茧而出,蜕变为灵动敏捷、充满智慧的全新体系。展望未来,一个由数据驱动、全面开花的治理生态正在眼前徐徐展开。在这个生态中,各个治理环节紧密相连,犹如精密咬合的齿轮,高效且精准地运转着,推动着治理策略的不断调整与优化。每一个组织、每一位师生都不再是旁观者,而是这个治理生态中的活跃节点,共同编织着一张全面覆盖、高效协同的治理大网。随着数字化变革的不断深入,这张大网将职业教育参与者紧密相连,构建起一个人人有责、人人尽责、人人享有的学校治理新局面,持续提升着师生的获得感、幸福感、安全感,为学校的高质量发展提供更高水平的保障。

第六章　教学重塑：创设协同化教学新业态

随着数字化技术的不断进步和广泛应用,职业教育教学工作已迈入崭新阶段。起初,数字技术作为工具,促进了教育环境与媒介的融合。随后,教育内容和教学过程的数字化流程再造成为焦点。现在,以人工智能和大数据为核心的数字技术正在重塑教学场景,实现虚拟与物理教学空间的无缝融合。这些变化彻底改变了职业教育的教学要素关系和活动形态。人机协同为职业教育带来了全新的场景、业态和机制,驱动职业教育工作者从教学理念到实践进行深刻的思考与探索。

第一节　多元协同,驱动教学理念重塑

一、数字化教学理念及模式

(一)"师—生—机"三元协同的数字化教学理念

在现代数字教育技术特别是人工智能技术快速发展的背景下,教育元宇宙这一融合了人工智能、大数据、物联网等多种前沿技术的领域,正深刻地改变着职业教育的教学理念。传统教育中"师—生"二元结构的局限被打破,人工智能被引入教学过程,逐步形成了教师、学生和技术三者相互协同、相互促进的"师—生—机"三元协同教学新理念。

(二)"教、学、管一体,师、生、机协同"的数字化教学模式

基于数字化思维的多维创新特征,将数字化技术与智能化手段深度融合于教育教学主要场景中,可以突破人才培养过程中的现实瓶颈。课前,

教师通过智能教学平台的数据分析、人工智能等技术辅助，选择、优化教学内容、方法策略，提醒学生预习课程内容，学生通过 AI 交互问答及测试检测预习成效；课中，教师依托智慧教室灵活应用智能教学组件，开展资源学习、研讨及实操等教学活动，实时查看学生的学习情况，学生通过生成式人工智能、虚拟现实等多种技术深度参与课堂学习；课后，教师通过智能教学平台完成作业推送、答疑、任务评估和反思反馈，学生通过平台进行学习反馈，并通过学习平台推送的个性化学习资源，查漏补缺。因此，数字化与智能化手段，从"课前、课中、课后"三个时间维度，对在线教学、校本资源和教学管理进行数据联通，实时记录和分析教与学交互数据，实现教育资源优化配置、学习空间拓展及个性化学习的目标，有效达到知识掌握、技能获得及思维培养等多重培养目标，形成"教、学、管一体，师、生、机协同"的数字化教学模式（图 6-1）。

	课前	课中	课后
教师	➢ 备课与课程设计 AI辅助内容生成 ➢ 课堂教学设计 AI教学组件选择 ➢ 发布前测与学习任务	➢ 课堂教学实施 推送智能教学组件 ➢ 课堂教学观察 查看组件进度、积分排行榜 ➢ 提供多种智能型授课组件 资源学习、编程实操、案例研讨	➢ 教学管理 作业推送、答疑、任务完成度查看 ➢ 教学反思 学习数据、教学数据、评价反馈
学生	➢ 预习课件资源 课件资源学习、AI交互问答 ➢ 前测任务（可选） 课前测试、AI助教讨论	➢ 课堂学习 能力图谱、元宇宙具身体验 ➢ 课堂互动 实操任务、案例研讨、AI学伴	➢ 练习与巩固 智能交互技术、AI学伴推送 个性化学习资源、测试 ➢ 课程复习 资源查看、能力图谱
教管	➢ 资源及课程规划 对话式课程建设进度查看 ➢ 教学管理 用户管理、课程管理、学期管理	➢ 课堂智能检测 课堂交互数据及分析 ➢ 智巡课堂 在线督导、AI分析	➢ 教学评价与分析 课堂交互、课程运行数据及分析 ➢ 学情分析 活动完成度、活跃度分析

图 6-1 "教、学、管一体，师、生、机协同"的数字化教学模式

二、推进思路

依托智能教管一体化平台，实现教育资源的数字化、教学活动的互动化以及管理流程的智能化，贯彻"教、学、管一体，师、生、机协同"的数字化教学模式，积极推动"以智助教、以智助学、以智助管、以智助研"，落实人机协同的项目化教学改革，将"知识构建、虚实结合、工学交替、教学评价"进行四位一体有机融合，实现个性化、差异化教学，提升教学质量，促进学习

者全面发展。

三、落实举措

（一）以智助教，提升教师的数字素养与技术运用能力

制定教师数字素养提升培训计划，依托教师的发展及师资培训平台，丰富数字化培训资源，提供最新的教学理念、技术培训和案例分析，促进教师间的交流与合作，提高教师的数字素养和技术应用能力，使教师熟练掌握人工智能技术在教学中的应用方法和技巧，促进教师角色转型与强化。

运用智能辅助教学工具，为教帅提供智能备课平台，自动生成教案、课件，减轻教师的负担。同时，利用AI助教进行课堂互动，即时反馈学生的学习情况，帮助教师精准施教。运用语音识别、视频处理和AI规整技术，将实际课堂教学高效转化为数字化资源，便于教师组织开展更具启发性和探究性的课堂活动。

（二）以智助学，提升学生的数字素养与学习效果

1. 将数字素养及技术融入课程目标与内容

将数字素养作为人才培养的核心要素之一，构建全方位的数字素养框架，结合行业发展趋势与标准，明确数字素养的构成，包括但不限于信息技术应用能力、数据分析与处理能力、信息创新与创造能力、网络安全与伦理意识等，并将其融入专业人才培养目标和培养规格中，以培养具备扎实的专业知识、良好的数字技能和高度的社会责任感的技能人才。

在现有课程体系中增加或整合数字素养相关课程，将掌握数字技术、提升数字素养融入课程学习目标、课程内容和考核评价标准中，通过案例分析、项目实践等，让学生提升专业技能水平，不断提升数字素养。

2. 数据驱动，优化教学策略与个性化学习路径

智慧教学平台通过移动端或电脑端的教学应用软件，记录学生在课堂考勤、课堂讲授、课堂讨论、学习反馈、课堂练习及交互辅助等方面的数据（图6-2），从课堂表现、自主学习、到课率、学习完成率、学习成绩及平台活跃度等6个维度，对学生的学习行为、兴趣偏好及能力水平进行综合分析，形成学生个人画像（图6-3）。基于课程知识图谱技术动态智能分析学生对

知识点、能力点的掌握情况,为学生定制个性化的学习路径,推荐适合的学习资源和练习题目,开展更有效的教学交流互动,为学习者打造高阶思维课堂,全面提高课堂教学质量。

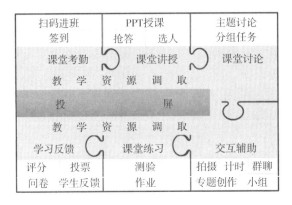

图 6-2　教学平台上产生的学生学习数据

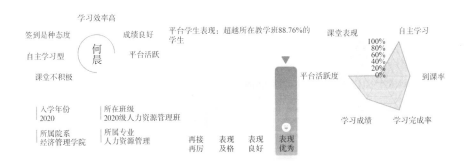

图 6-3　学生个人画像

3. "具身"增效,打造数智化学习及实践场景

教育元宇宙通过整合多种前沿技术呈现出具身参与、情景交互、沉浸体验、虚实融生等方面的特质,能够实现技能型人才培养薄弱环节的关键场景增效。教师结合所授课程的特征,设计虚拟仿真(含 AR、VR、XR、MR)与真实实践教学相结合、短周期工学交替的"做中学"教学模式,将数字孪生应用到技能训练中,提高学生的动手操作能力;以整体性课程学习成果进行课程教学质量评价,系统提升专业人才的培养质量。

教师依托虚拟仿真实训实践基地提供的数据分析工具、编程环境和创新实验室等,激励学生参与科研项目、竞赛活动、社会实践,将理论知识转化为实践能力。孵化创新项目,支持学生开发基于数字技术的创新创业项目,通过团队协作、市场调研、产品设计等环节,培养学生的创新思维和创业能力。

(三)以智助管,实现智慧教学高效管理与服务

学校依托教管一体化智慧平台,整合在线教学平台、校本资源平台、专业管理平台、教学质量评价平台等业务系统,统一管理多个平台的用户及终端,从而统一管理业务及数据,实现"一网通学"的体系闭环。利用大数据分析,对教学过程、学生的学习成效等数据进行深度挖掘,为学校管理层提供科学依据,实现教学管理决策的科学化、精准化。

(四)以智助研,实现教学信息化向数字化转型

学校深化数字化教育教学研究,大力支持教师开展智慧教学改革课题研究,促进智慧教育应用与课程教学的深度融合,完成对课程教学理念、教学内容、教学模式、教学评价等在数字技术环境下的数字化融合与重构。

四、成效与案例

在贯彻"教、学、管一体,师、生、机协同"的数字化教学模式的过程中,教师积极开展课堂教学改革,依托在线教学平台、虚拟仿真平台、企业实训基地,将理论教学、任务实操、虚拟仿真相融合,使校内学习场景突破虚实界限,实现"教学过程任务化、学生学习自主化、评价主体多元化"。近年来,学校通过数字化转型赋能课堂教学,培育山东省职教学会优秀课堂案例 3 个、课堂革命典型案例 8 个;教师基于数字能力提升,在教学能力比赛中获得国家级奖项 1 项、省级奖项 5 项,立项省级以上数字化教研教改课题 16 项、校级人工智能赋能课堂教学专项项目 43 项。

案例:"Linux 操作系统应用"课程运用 AI 技术助学助评

"Linux 操作系统应用"课程立足云计算运维工程师岗位素养需求,结合学生学情,提炼了家国情怀、法律意识、工匠精神、责任担当等四大类思政元素,包括民族自信、科技报国、信安法律意识、尊知识产权、护信息安全等内容,通过课前启能、课中赋能和课后拓能 3 个阶段,借助"课前启能激兴趣、案例导入引任务、课中新知讲授析疑惑(借助 AI 云助教,图 6-4)、实

战演练做中强(导学试做:观摩原理,内化知识;跟做复现:临摹实操,技能进阶)、点评总结固技能(AI 多元评价系统)、课后拓能促养成"6 个教学环节,实施课程教学(图 6-5)。

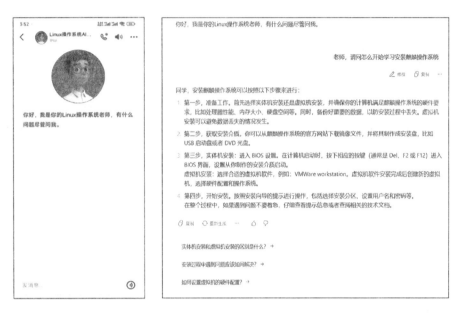

图 6-4　智能 AI 云助教

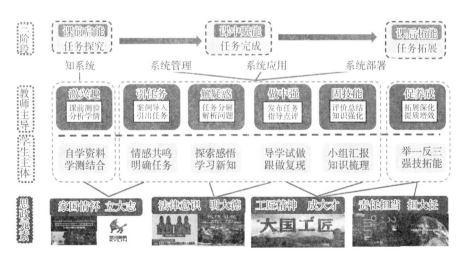

图 6-5　课程六步教学实施过程

与此同时,课程持续改进评价机制,借助自主开发的 AI 多元教学评价系统(图 6-6),自动采集学生课前、课中、课后全过程的多源学习数据,实现伴随式和无感式的全面评价,并对数据进行动态分析管理,为教师提供精准的持续改进依据。

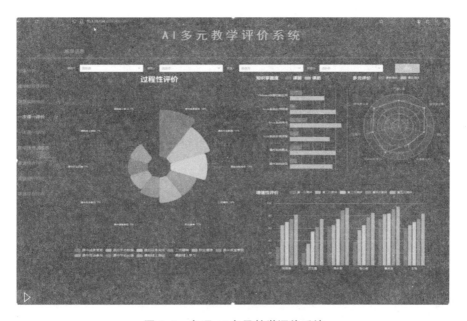

图 6-6　自研 AI 多元教学评价系统

该 AI 多元教学评价系统可动态监测学生的成长变化,并为每位学生生成个性化学习档案,即学生自画像(图 6-7)。这不仅有助于教师了解学生的学习情况,还能让学生学会自我监控和改进,从而更好地调整自己的学习方向和发展路径。

本课程在 2021 级云计算技术应用专业应用实施,相比 2020 级,学生的学习效果、学习活跃度平均增加了 41.7%,课堂参与度平均提高了 25.2%,素质目标达成度平均提升了 72.1%,教学目标深化达成,学习效果明显提升。

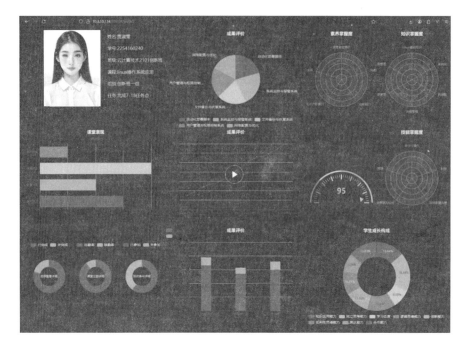

图 6-7 学生自画像

第二节 数实融合,推进专业数字化转型升级

一、专业数字化转型升级理念

数字技术和实体经济深度融合,既赋能传统产业转型升级,又催生出新产业、新业态、新模式。如何培养适应企业数字化转型的高素质技能人才,已成为高等职业教育必须回答的新时代命题。数字化转型不仅是高等职业教育应对数字经济时代快速发展的必然趋势与要求,更是重构现代高等职业教育体系的强大内生需求。因此,职业院校的专业设置、调整与建设必须与当前新形势相适应,与行业发展新态势相契合,升级至"数实融合"的数字化思维。职业院校应基于数字技术进行系统性创新,以数字技术推动专业形态结构、要素内容和运行过程的全面升级与重塑。坚持绿色低碳发展,注重质量效益提升,推动专业建设的迭代优化、全方位升级,赋能专业人才培养数字化转型发展,全面提升专业人才的培养质量、创新水

平,增强服务产业的发展效能。

二、建设路径

学校立足"工科为主、海洋特色"办学优势,牢固树立"数字+专业"理念,以产业数字经济发展要求为主线,以数字技术为驱动力,以建设要素升级为核心,以质量标准为抓手,遵循"契合产业设专业、产教融合建专业、数实融合优专业、凝练特色强专业"的专业结构调整及数字化升级路径(图6-8),深入实施"智慧教学、精准育人"数字化教学改革,制定《威海海洋职业学院关于推动专业智能化升级与数字化改造的实施方案》,积极推动专业实现智能化升级与数字化改造,打造产学研深度融合的创新平台,构建全方位、多层次的数字化生态服务体系,助力区域产业转型升级。

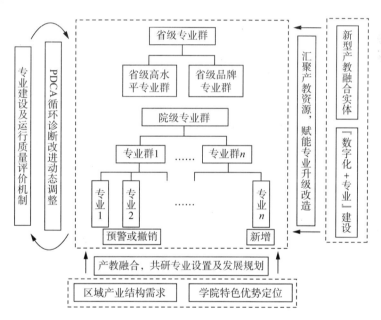

图6-8 专业结构调整及数字化升级路径示意图

(一)对标区域产业,科学规划设置专业

学校围绕山东省高质量发展和绿色低碳高质量发展先行区建设,系统调研传统产业数字化转型升级在人才、技术等方面的需求,结合学校定位,充分考虑行业发展的前瞻性和人才培育的周期性,系统规划设置专业。聚

焦山东省"十强"优势产业集群和威海市"八大"重点产业领域,优化布局专业结构体系,主动增设新兴紧缺产业相关专业,裁撤滞后过剩专业,由追求专业规模扩张向追求专业内涵提升转变。以省级高水平专业群建设为牵引,推动学校专业群建设,形成雁阵式专业群布局。

(二)深化产教融合,校企共研建设专业

学校充分发挥行业产教融合共同体、市域产教联合体等新型产教融合实体机构的重要功能,汇聚产教资源,提升专业核心办学能力和发展水平。校企共建专业协同育人,行业企业专家全过程参与、指导、监督专业设置、调研及人才培养方案制定工作,把岗位需求融入专业教育教学的全过程,实现专业链与产业链、课程内容与职业标准、教学过程与生产过程对接;以行业企业需求为牵引,共同研讨人才培养目标和规格;合作开展现场工程师专项培养计划项目,共同培养一批具备工匠精神、服务产业智慧化升级的现场工程师。

(三)运用数智赋能,升级优化传统专业

学校对传统专业进行数字化改造,全面修订适应数字化新职业场景和新岗位的专业人才培养方案,增加数字化、智能化、绿色化专业人才培养目标。制定"数字化+专业"建设实施方案,利用大数据、人工智能等创新数字技术,优化专业课程内容,系统融入新技术、新工艺、新材料、新规范;以专业教学资源库和在线精品课程建设为牵引,系统化改造课程体系,变革教学模式,积极开发建设数字化融媒体教材;消除数字技术、网络技术和智能技术的开发和应用壁垒,服务传统产业的转型升级。

(四)突出特色定位,做大做强优势专业

学校立足发展定位和所处区域的产业特色优势,重点建设水产养殖技术、船舶智能制造及海洋水产食品专业群,精准定位培育海洋专业人才,有力推进海洋科技创新、海洋传统产业升级,积极服务于山东海洋强省建设行动计划和威海海洋强市发展战略。

(五)设计评价标准,持续改进提升

学校自主开发《高职院校专业发展水平监测及评估规程》,建立监测评估标准体系,通过智能信息平台积累专业设置、人才培养方案、培养规格及目标、课程标准及过程性评价等运行记录信息,按照 PDCA 循环和过程方法,持续改进及优化专业建设、课程建设、教学设计、实践教学、诊断改进、质量评价等工作,完善专业布局动态调整机制,推动专业高质量发展,形成推广应用范式。

三、落实措施

(一)优化专业设置,增设数字化专业

学校按照"以产业需求为导向、逆向逻辑设计过程、纳入新质生产力"的模式,开发构建专业优化设置模式(图 6-9),增设数字化专业,完善专业培养体系。

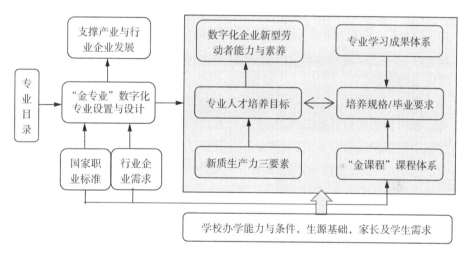

图 6-9　专业优化设置模式示意图

第一,系统调研,优化专业设置。深入威海地区乃至山东省内产业、行业以及企业广泛调研,系统了解企业实际需求、行业发展趋势和产业未来发展方向。同时,调研了解潜在生源、在校生、学生家长及其他相关方的需求,了解学校的办学资源和条件基础。根据调研分析结果,对照教育部发布的《职业教育专业目录》,初选新增专业,拟定优化专业名单。

第二,优化人才培养目标。将行业企业新需求、新质生产力与科教融汇新要求纳入"金专业"专业人才培养目标中,以满足新质企业相应岗位对

新型劳动者的职业素质、职业能力和创新能力的要求。对培养目标进行细化、分解，纳入新质生产力、科教融汇和数字化技术等相关内容，重点从职业素养、知识、技能和能力方面进行设计、规定，明确支撑人才培养目标实现的人才培养规格或毕业要求。

第三，优化"金课程"课程体系。以支撑培养规格或实现毕业要求为准绳，根据国家职业分类大典中规定的岗位、工作任务以及行业企业新需求和未来发展需求，完全对接岗位或任务或产品类设置、设计专业核心课程。根据专业核心课程中需要学习的知识、技能的深度、广度情况，设计必须开设的专业基础课程，有效支撑职业核心课程的高质量学习。在课程体系构建中，将适宜的职业技能等级标准（技能证书）、相关职业技能竞赛融合到相关专业核心课中，提升课程内容的质量水平，更加优质地培养复合型高端技术技能人才，实现"岗课赛证融通"。

第四，建立学习成果体系。构建、设计专业学习成果、课程群学习成果、课程学习成果、课程单元学习成果四层级学习成果体系，并设计各层次整体性预期学习成果的完整内容，包括知识、技能、能力和素养，以及学分、测评方法等。

第五，丰富数字化教学资源。系统开发数字化资源库，分类设计数字化资源内容的质量标准，依据标准设计制作、合作开发或外购资源，确保各类数字化资源的质量水平达到"金专业"办学能力的高水平要求。

第六，支撑服务行业产业发展。利用数字化专业满足行业企业发展、产教融合高质量的要求，建立产学研一体化平台、研发中心、实训基地等，为培养创新型技术技能人才、解决行业企业急需技术技能型人才的难题提供条件保障。

（二）调研传统产业数智化发展及应用现状

近年来，山东省大力实施数字产业化十大工程和产业数字化八大行动，加速释放实体经济和数字经济融合效能。目前，装备制造业、服务业、农业等传统产业数字化转型正在向大规模推广应用阶段发展，在设计、生产、营运、服务等流程已应用了数控系统和数字化装备。未来，将实现节能环保、智能物流、联网车间、敏捷制造、远程运维、大规模个性化定制以及全生命周期质量追溯等多个生产服务目标。因此，需要大量兼具技术开发和传统产业知识的复合型人才进行支撑。

（三）推进数字技术支撑下人才培养体系的整体重构

学校围绕区域战略性产业结构、重点技术发展、人才发展新需求、生态文明新要求、数字经济新发展等，探索构建产教融合专业图谱，依托智慧教学平台专业管理系统，形成动态、静态相结合的质量评价与持续改进、发展机制。动态调整专业人才培养目标，推动专业与产业、课程与岗位相一致，促进职业教育供给侧与产业需求侧精准对接，推动传统专业的数字化转型。设置专业管理系统（图6-10），以专业目标达成度分析系统为核心，以"成果导向、学生中心、持续改进、师生发展"为核心理念，对标专业认证核心要素，贯通专业建设全过程，按照"专业教学质量体系"开展过程性考核与评价，建立长效的、可落实的教学质量保障教学体系，实现教学过程监控，规范教学过程，促进专业建设质量。专业管理系统可与在线教学平台、校本资源共享平台系统实现数据互通，进行课程、资源信息的调取和应用，并通过对线上教学以及线下教学的过程、结果数据进行采集，完成课程目标达成度分析，进而实现专业目标达成度分析。通过分析结果反馈，持续改进专业培养方案建设、课程体系建设，重构人才培养体系。

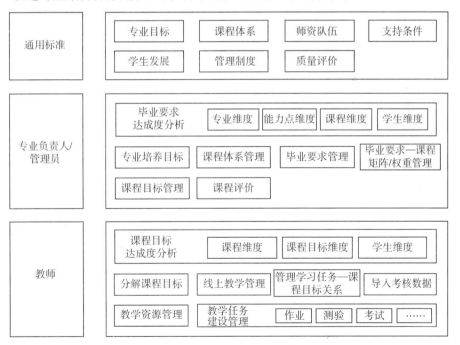

图6-10 专业管理系统框架图

(四)加快建设专业(群)升级与数字化改造的教学资源

学校以面向数字化岗位、培养数字化素养、提升数字化能力为目标,以课程智能化改造为基础,以精品在线课程、数字教材建设为主渠道,基于国家教学资源库建设标准,建设集在线课程、数字教材、专业教学资源库、虚拟仿真实验室、案例库、技能测试系统等资源为一体的优质教学资源库,依托智能教学平台满足不同教学场景的需求,支持资源一站式智能搜索,支持按照专业和资源媒体类型、所属课程、应用类型等多维度进行资源分类,支持按照评价规则(热门资源、更新时间、文件大小、点击率、下载率、好评率等)对资源进行自动排名和统计。教师可按照上传时间、所属栏目、资源上传者、课程建设人、课程名称、资源名称、关键字等信息进行快速定向统计与查找资源,让学习更智能、高效、便捷。

(五)建立"产学研用"协同创新中心

学校依托行业产教融合共同体、市域产教联合体及产业学院,搭建专业(群)产教融合校企合作信息协同平台,聚焦传统产业数智化转型的关键技术难题,联合企业、高校和科研机构,在人才培养、教师发展、实习实训、技术研发、社会服务、就业创业等方面开展高效协同创作,推动技术研发与成果转化,使专业覆盖全产业链或行业生产的整个流程或产品的整个生命周期,让科技成果"落地生金"。

(六)推进职业教育专业质量保证体系建设工作

学校依托部省共建国家职业教育创新发展高地理论实践研究课题和山东省职业教育教学改革研究项目,开展专业认证和专业建设质量评价。落实"内部质量、外部质量、个体质量"的职业教育核心质量观和"学生中心、成果导向、师生发展、持续改进"的专业认证理念,制定职业教育专业建设与运行质量保证体系认证要求主体标准、专业大类补充标准、标准解读与应用指南,配套建立三层次成文信息体系,健全专业认证、质量评价和预警调控机制,探索解决专业建设中"主体责任不清、内在动力不足、标准规范缺乏、人才培养质量要求难以满足"等问题的有效途径。

四、成效与案例

学校动态调整专业布局，深耕专业（群）内涵建设，以省、校两级的高水平专业群梯队建设为抓手，扎实推进人才培养模式创新、专业数字化升级改造、课程体系模块化改革、校企合作课程开发、课堂教学质量评价、专业教学资源库建设、科研成果转移转化等各项工作，实现教育链、人才链与产业链、创新链的深度融合。

（一）动态调整专业布局，建成契合产业的高水平专业群

学校以服务海洋水产养殖、船舶智能制造产业为重点，形成八大专业群，紧密对接山东省"十强"产业，完全匹配威海八大产业集群（表6-1）。八大专业群共35个专业，精准服务区域产业链（图6-11），形成各具特色的人才培养模式，建设成效显著。

表6-1　学校专业群匹配区域产业集群

专业群名称	专业	匹配区域产业集群
水产养殖技术专业群（山东省高水平专业群/山东省品牌专业群）	水产养殖技术；动物药学；水生动物医学；水环境智能监测与治理	海洋生物与健康食品产业集群
船舶智能制造专业群（山东省高水平专业群/山东省品牌专业群）	船舶工程技术；船舶电子电气技术；船舶检验；轮机工程技术；港口与航道工程技术	先进装备与智能制造产业集群
电子商务技术专业群	电子商务；跨境电子商务；数字媒体技术；港口物流管理	现代服务产业集群（数字商贸流通）
工业机器人技术专业群	工业机器人技术；电气自动化技术；智能控制技术；机电一体化技术	先进装备与智能制造产业集群
药品与医疗器械专业群	药品生物技术；药品经营与管理；食品药品监督管理；医疗器械经营与服务；中药学	新医药与医疗器械产业集群
国际邮轮乘务管理专业群	国际邮轮乘务管理；酒店管理与数字化运营；大数据与会计；连锁经营与管理	康养旅游产业集群
人工智能物联网专业群	物联网应用技术；人工智能技术应用；云计算技术应用；信息安全技术应用	新一代信息技术产业集群
海洋健康食品专业群	食品检验检测技术；食品智能加工技术；食品质量与安全	海洋生物与健康食品产业集群

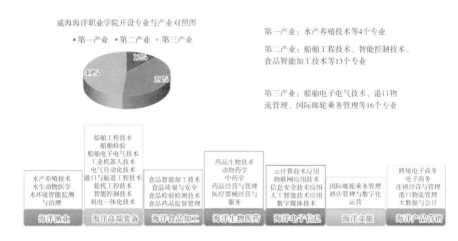

图 6-11　学校专业设置精准服务区域海洋经济产业链

(二) 精准定位培育海洋专业人才,服务海洋强省行动计划

2022 年,山东省印发《海洋强省建设行动计划》,推进海洋科技创新能力行动、海洋传统产业升级行动等九大行动计划。威海市积极拓展海洋经济发展空间,提升海洋产业结构层次,制定《威海市蓝色经济区发展规划(2016—2025)》和《威海市海洋强市建设三年行动计划(2021—2023 年)》。近年来,学校重点建设水产养殖技术、船舶智能制造及海洋水产食品三大专业群,积极融入和服务山东"海洋强省"和威海"海洋强市"战略。

水产养殖技术专业群培养掌握现代海洋生物健康养殖技术,具备优质高值水产品苗种繁育、养殖及种质资源开发和保护,水生动物疾病诊疗和疫病防控,渔药、微生态制剂、动物功能性食品开发和生产等技术技能,适应现代海洋生物产业绿色健康发展的德技双馨复合型技术技能人才,服务海水养殖向绿色集约转型,赋能养殖生态化发展。

船舶智能制造专业群面向船舶智能制造领域及配套产业,培养通晓国际规范与标准,熟悉船舶设计建造、设备安装调试、船舶智能焊接、船舶舾装、船舶涂装防腐等专业知识与技能,具备从事船舶智能制造工作的数字化设计、智能化生产、数字化检验等综合能力的高端(创新型、复合型)技能人才,为海工装备优势产业升级发展提供人才储备。

海洋水产食品专业群培养熟练掌握人体生理、人群营养、理化卫生检验等基础理论知识,具备海洋活性物质提取、水产品高值加工、现代检测技术、食品药品质量控制、食品药品监督管理、质量控制等职业技能,熟悉食品药品法规、大健康产业等前沿信息和发展动态,胜任海洋健康食品产业链中健康食品生产—产品检测—质量安全控制—监督管理各岗位群工作,具有健康理念、食品药品质量安全意识和创新能力的高素质、复合型、创新型技能人才,为海洋生物产业从原料级向功能食品、医药级转变提供智力和技术支持。

(三)推动专业数字化升级,构建面向现代职业的课程体系

2022年,教育部新版《职业教育专业简介》发布后,学校积极推动新目录、新标准落地实施,对专业人才培养方案进行数字化赋能,推动了课程体系的高质量、特色化、创新性升级。以提升数字化能力为目标,以课程智能化改造为基础,建设了一批精品在线课程。以行动逻辑为导向,以课程模块化为载体,着眼岗位需求将课程体系进行重组重构,推动课程体系内部贯通融通的结构化改造,形成实时、开放、动态、灵活的课程地图(图6-12)。

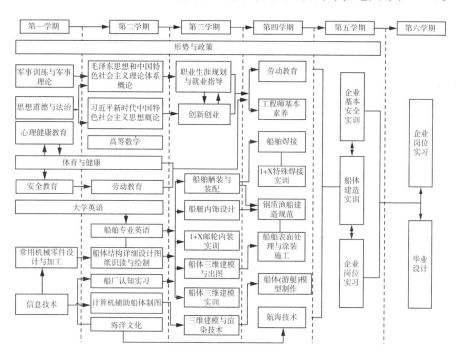

图6-12 船舶工程技术专业课程地图

（四）改革人才培养模式，校企共建专业协同育人机制

为进一步提升人才培养质量，学校积极携手央国企、行业龙头及地方特色企业，共同开展订单式培养、学生实训就业、现代学徒制培养、现场工程师培养、专业课程共建、教材建设、科学研究等合作，共建专业协同育人机制。例如，在省级高水平专业群和品牌专业群建设项目的引领下，水产养殖技术、食品智能加工技术和船舶工程技术等专业积极推进人才培养模式改革，开发专业群模块化课程体系，与威高集团、三星重工业等多家当地行业中的龙头企业共建专业实训平台，建设山东省职业教育教师企业实践基地，加快教师企业实践流动工作站建设，推动教师到企业开展常态化实践锻炼，不断服务于海洋生物、健康食品和船舶智能制造等特色涉海产业集群。

（五）产教融合纵深发展，打造"政行企校"命运共同体

为更好地服务海洋产业集群，学校积极开展现代职业教育体系建设改革重点任务项目建设工作，获批山东省第一批市域产教联合体，在教科研项目、师资队伍建设、人才共育等方面全面展开工作；与中国船舶集团有限公司综合技术经济研究院的合作获批山东省第二批现场工程师专项培养计划项目。牵头建设全国低碳渔业与海洋食品质量安全检测和全国水生动物医药2个国家级行业产教融合共同体，以及山东省船舶装备智能制造、山东省海洋装备智能制造2个省级行业产教融合共同体，参与了51个国家级、3个省级行业产教融合共同体的建设。

（六）依托平台增值赋能，提升社会服务品质

面向经济社会发展主战场，学校积极加强"山东省高等学校海洋食品药品资源开发新技术研发中心""山东省船舶控制工程与智能系统工程技术研究中心""山东省船舶智能装置与系统应用技术协同创新中心""山东省海洋经济藻类资源开发与利用工程技术协同创新中心"等22个省、市级科研平台、创新平台的建设与应用，科研平台、项目、人才融合发力，促进专利申报、技术研发、中试放大和成果转化，形成新技术、新产品和新标准，并充分发挥科研平台的双向链接作用，反哺教师教学、科研能力提升。目前，共立项239个科研开放专项资金项目，授权发明专利150余项，专利授权数

量在全国高职院校中位列第 29 名,科技创新活力位列第 38 名。教师为企业提供技术服务,于校内研发并先行先试,完善成熟后到企业进行成果转化。水产养殖技术专业群师生攻关水生物疫病防控、微生态制剂研发等新技术 32 项,助力区域水产养殖行业发展。船舶智能制造专业群精准对接船企产业升级需求,为三星重工、金陵造船(威海)等企业在多个关键技术领域提供技术服务 12 项,打造高端船舶装备制造技术技能创新服务平台和现场工程师人才培养高地。

(七)推动专业智能化升级与数字化改造

学校制定并推进落实《威海海洋职业学院关于推动专业智能化升级与数字化改造的实施方案》,适应数字经济发展背景,依托数字技术驱动,大力推进产教融合、校企合作,推动相关专业实现智能化升级与数字化改造,深化专业建设改革,丰富专业高质量发展内涵,提升社会服务能力,推动产业转型升级,助力区域新型产业发展。

第一,坚持统筹规划。立足国家数字经济战略和山东省数字经济发展需要,统筹规划学校专业智能化升级与数字化改造工作。贯彻"数字＋专业"办学理念,充分依托数字技术推动专业人才培养质量和专业适应性的全面提升。

第二,坚持产教融合、校企合作。重点和本地龙头企业、行业领军企业开展深入合作。加强数字技术支持下的产教融合、校企合作体制机制建设,完善数字技术平台支持的专业共建共享机制,实现协同育人和协同发展升级。

第三,坚持示范引领。以专业目录调整明显及产业数字化明显的专业为引领,优先进行智能化升级与数字化改造。以互联网、人工智能、大数据技术等为驱动力重塑专业建设形态,完善专业现代化发展内涵,积累可复制、可借鉴的改革经验和发展模式,发挥示范引领作用。

第四,坚持优质高效。参与升级与改造的专业实行目标管理,完善方案制定,瞄准质量效益,优质高效地推进专业升级与数字化改造建设。完善专业升级与数字化改造的动态管理和质量保障机制,实现专业数字化转型的高质量发展。

案例 1:设置数字化专业——信息安全技术应用专业

党的二十大报告对加快发展数字经济提出了明确要求,众多数字职业在数字化发展趋势下被催生,数字领域从业人员的规模逐渐扩大。2022年,《中华人民共和国职业分类大典(2022年版)》中首次增加"数字职业"标识(标识为S),涉及97个职业细类,占1 939个职业细类的5%。

对应职业细类确定增设数字化专业。基于山东省信息安全产业、行业企业需求和专业办学能力水平,学校增设信息安全技术应用专业,完全对接《中华人民共和国职业分类大典(2022年版)》中计算机软件工程技术人员S、信息安全工程技术人员S两个职业细类。该专业将培养思想政治坚定、德技并修、全面发展,具有一定的科学文化水平、良好的职业道德和工匠精神,掌握信息系统研发与安全检测、网络安全运维和渗透测试等专业技术技能,具备认知能力、合作能力、创新能力、职业能力等支撑终身发展、适应时代要求的关键能力,具有较强的就业创业能力,面向信息安全领域,能够从事网络安全管理、网络安全运维、数据备份与恢复等工作的高端技术技能人才。

构建五层级"金课程"课程体系及教学资源标准。信息安全技术应用专业按照"学校公共基础课—专业群公共课程—专业核心'金课程'—职业方向'金课程'—企业特色'金课程'"五层级框架,构建融入新质生产力与科教融汇新要求的"金课程"课程体系,并按照微课、课堂录像、动画、VR/AR/MR、图片、文本、实物、工程录像以及作业类、介绍类等资源类别,分别设计资源内容质量标准,包括"学习目标、教学内容、教学素材"等基本要素,"教学方法、教学流程、教学评价"等可选择要素,以及特殊资源等新增加的要素。

校企共建协同研发平台。校企联合建设国内首个面向海洋领域的"大数据协同安全技术国家工程实验室",依托校企各方优势,联合攻关创新,建设海洋大数据安全协同研发平台,开展大数据安全核心技术研发和实践应用,培养大数据安全人才,打造具有跨部门、跨区域、跨行业安全协同能力的服务平台,支撑国家重大工程,为国家海洋大数据发展战略提供安全保障。

案例2:传统船舶制造专业数字化转型升级

学校船舶智能制造省级高水平专业群紧扣产业数字升级需求,突出机制创新,聚焦智能制造,强化专业集成,重点开展机器人焊接培训推广基地、智能生产线控制与运维实训室、船舶数字化检验虚拟仿真实训平台、船舶设计制造虚拟仿真实训室4个项目的建设;组织教师参加机器人焊接培训,完成编程调试和数据库构建,开展模块化课程改革,构建"五层递进、虚实结合"的实践教学体系;配套虚拟仿真设备、船舶设计软件及配套虚拟仿真课程,打造融课堂教学、实训操作、仿真分析等于一体的教学模式,并与企业对接"项目外包",完善"育训一体"的培养培训体系;开展项目设计、咨询、应用开发及工程服务等工作,打造"产学研创"一体的技术技能平台,进行船舶智能焊接自动化产线设计及建设工作。

第三节 数智赋能,加速课程教学数字化迭代

一、课程教学数字化理念

课程教学是教育体系中的核心环节,其质量和效率直接关系到学生的学习成效与发展,因此要注重人本,坚持以人为本的价值取向,确保数字技术发展服务于学生的全面发展。课程教学数字化的核心是围绕教学内容及过程的数字化的教学流程再造。首先,强调以学生为中心,学生不再是信息的被动接受者,而是可以自主确定学习步调的学习主体和教学内容的主动建构者。其次,教学内容以多种媒体混合的方式呈现,组织形式由结构化转变为非结构化,从而有效支持碎片化学习。最后,通过数据分析、人工智能等技术优化教学内容、方法和评估体系,升级并开发数字化教学资源,实现教育资源的优化配置,为学生创造拥有无限可能的虚拟与现实交互空间,满足学生个性化的学习需求,以促进课程教学向更高、更深层次发展。

二、推进思路

营造课程数字化教学新生态,以培养学生的岗位职业能力为目标,促进课程教学与数字技术在技术融合与创新、资源开放与共享、个性化学习与协作、持续动态的评估与反馈等方面深度融合,利用大数据、云计算、人工智能等技术,构建数字化教学环境,优化课程设计与内容,升级课程及教材等资源,加强数据分析与解读,精准识别学生的学习需求与难点,提供定制化的学习资源和路径,增强学习动力,提高学习效率。

三、落实举措

（一）制定并完善数字化教学规范与标准

以学生为中心，以职业能力培养为主线，制定并完善课程设计与建设标准规范和资源建设标准规范。结合专业发展水平监测的要求，对课堂教学设计的环节、合理性及合法性等进行规范。针对教师建设的各类数字化教学资源（包括微课视频、动画资源、仿真软件、文档资源、图片资源等），对内容、形式等进行具体规范指导，对资源建设、准入、使用以及评价等进行规定。

（二）建设一体化课程资源

以课程标准为依据，以数字教材建设为主线，开展"课程—教材—资源库—教学"一体化系统设计，并分步组织实施。开发虚拟仿真实训项目，构建立体式展示、沉浸式体验、互动式学习的数字教学环境。

（三）融合数字化课程内容与新知识

基于课程能力图谱，推进课程内容的重构与数字化转型。应用虚拟现实技术手段，实现课程资源呈现形式的数字化升级。完善资源建设与应用的业务闭环，整合数字资源，建设"立体式数字化资源体系"，实现优质教学资源共建共享。耦合重构传统课程内容与专业前沿知识、新技术、新标准以及数字技术，提升课程质量。

（四）开发具有职教特征的新形态数字教材

根据职业教育类型特征和工作过程系统化要求，以职业能力培养为主线，基于课程标准和岗位工作特征编写新型工作手册、新形态数字教材，包括配套的数字化教学资源、颗粒化数字资源内容质量标准等。

（五）建立多种各具特色的数字化教学环境

利用大数据、云计算、人工智能等先进技术，打造立体式展示、沉浸式体验、互动式学习的数字教学环境和个性化学习空间。数智教学平台可根据学情，设计以任务为主体的个性化教学基本单元，制定满足学生个性化需求的学习策略、学习单元,推送学习内容和进阶式学习成果训练,实现督学、讨论、练习、反馈及评价等全流程学习过程的开展。运用各种教学媒体、开展多样化的学习活动,以及采取以学生为主导的方式,可以促进学生学习,同时记录全部学习活动和历程。

(六)完善学生发展性评价机制

教学平台综合课堂教学、考试、培养目标达成等关键评价环节,多维获取,精准分析,动态处理学情数据,全面直观地评价学生的学习情况。教学平台以移动端或电脑端的各个教学应用为抓手,实现资源收集、课前备课、课程督学、课堂考勤、课堂教授、课堂讨论、课堂练习、学习反馈、学习记录、课程回顾、课程评价等全流程教学过程的开展。实施线上课程与线下教学相结合的翻转课堂教学模式、混合式教学模式等新兴教学方式,推进以"教"为中心向以"学"为中心转变,增强课堂的互动交流,开展过程性的考核与评价,促进数字技术与教育教学的深度融合。

四、成效与案例

(一)课程建设及教学应用

为了贯彻落实《教育部等五部门关于加强普通高等学校在线开放课程教学管理的若干意见》(教高〔2022〕1号)的有关要求,深化课程建设和课堂教学改革,推动数字技术与教育教学深度融合,规范和加强在线开放课程管理,切实提高课程建设水平,学校发布了《威海海洋职业学院在线课程建设应用与管理办法》,规范在线课程项目申报、建设、审查、应用与保障等工作;制定了《在线开放课程建设技术规范》,规定了课程建设的基本要素与内容、技术参数及开放运行方式;完善了《在线课程质量评价标准》,包括否定性指标和评议性指标两部分,分为建设及运行两个阶段进行验收,并将课程内容、课程活动及评价列为核心指标。上述一系列举措有效规范了学校在线课程的建设应用与管理工作,深化了教学内容和教学模式改革。学校基于交互式教与学的移动教学平台,推行线上线下混合式教学、全程在线和翻转课堂的信息化教学模式,将传统课堂教学转换提升为深度探究、思辨、互动与实践的体验式、参与式教学活动。

学校根据专业(群)所对接的产业的数字化转型趋势及相关岗位群的

知识技能新标准，基于职业能力逻辑关系重构知识图谱、能力图谱、课程体系、课程内容，有机推进传统课程内容与专业前沿知识、数字技术的耦合重构，推进课程内容的数字化转型。依托网络学习平台，所有课程全部建有线上教学资源，开展线上线下混合式教学，促进信息技术在课堂中的深度应用。利用虚拟仿真、数字孪生技术，校企合作开发基于岗位实境的虚拟仿真资源和实训项目，构建虚实结合的教学生态。以教育部职业教育专业教学资源库项目的建设和应用为抓手，构建资源共建共享机制，已建设精品资源共享课程32门、在线课程56门，其中省级及以上课程56门、省级社区教育优秀课程资源28个。

（二）教材建设

学校制定《职业教育新型活页式、工作手册式、融媒体教材质量评价标准》，基于职业教育的类型特征和工作过程的系统化要求，构建三级指标评价标准体系，包括设计质量、内容质量、特色创新、排版质量及教学使用质量等5个一级指标、6个二级指标、16个三级指标，共计70个指标点。立项建设校级新型教材50本，已正式出版40本，其中数字教材27本。

系统设计凸显整体性。按"学校公共课程、专业群公共课程、专业核心课程、专门类型课程、实习企业特色课程"五层次课程体系的要求确定教材名称；系统设计"教师、教材和教法"并在教材中予以体现，各门专业课程建设与相关教材开发同步推进，并体现"夯实基础性理论，强化普适性技能，突出新岗位针对性，促进专业持续发展性"的指导思想。

体例模式更加规范。采用模块化、项目化方式设计教材，层次分明，结构清楚，符合职业规范要求；突出实训导向、一体化教学要求，按照"活页教材＋活页笔记＋实践训练＋功能插页"四位一体的方式呈现模式策划、编写。项目化/模块化教学结构清晰，任务导入（来源于企业和社会需求）自然，学习目标明确；项目/任务实施规范，相应的预期学习成果内容完整，参考文献齐全且著录准确。

内容突出实践及成果导向。教材内容源于对企业职业岗位、真实产品以及工艺、方法、操作规程、标准等进行的典型化处理、教学处理和规范；以真实的生产项目和典型的工作任务、案例等为载体组织教学单元；学习训练载体、学习成果载体源于企业和社会需求，具有职业性、实用性、典型性、可操作性等特征，符合行动逻辑、工作逻辑、产学研融合逻辑的要求；结合职业能力培养和毕业要求设置不同层次的内容,凸显项目教学、任务驱动、案例教学等特点;吸收企业的岗位手册、培训教材、工作规范、安全规范、典型案例及其他相关资料并改进,增强教材内容的实用性、职业性和先进性;与1＋X证书、其他有效的职业资格证书进行有效衔接,系统性培养学生的职业能力。

案例1:水产养殖技术省级高水平专业群数字赋能课程资源建设与改革

水产养殖技术省级高水平专业群针对传统渔业生产过程中渔业病害逐年增多且防控难度大、智能化和自动化程度低、养殖周期长且产量低等问题,挖掘和发挥专业特色,创新智慧渔业应用技术,打造具有核心竞争力的数字化课程教学资源。

行校企共建共享优质教学资源。开发聚焦绿色健康水产养殖业、专业群和产业群精准对接的"学校公共课程＋专业群公共课程＋专业核心课程＋专门类型课程＋实习企业特色课程"的五层次课程体系,校企合作开发与产业岗位高度匹配的教学内容和课程标准;增加行业职业标准、专业标准、专业试卷、专业视频动画、仿真实训、专业文献等,并融入海洋生物产业群健康养殖技术、水生物防疫检疫技术、微生态制剂和动物功能性食品等先进要素,分类分层推进各类数字化教学资源建设。

建设"互联网＋"专业群教学资源库。主持建设教育部水生动物医学专业教学资源库培育项目,以在线课程和融媒体教材为基础,充实专业群教学资源库的内容,建设开放共享的专业群教学资源库;建成"饵料生物培养技术"等7门省级精品资源共享课程,"水质检测技术"等3门省级精品在线课程,"鱼类增养殖技术"等2门省级继续教育数字化共享课程,以及"水生物病害防治"等10门院级精品在线开放课程。

精准对接产业群发展,开发融媒体教材。开发《鱼类苗种繁育》《水生物疫病防控》等9套新形态数字教材,《渔业技能操作教程》获评"十三五""十四五"职业教育国家规划教材;主持修编《水生动物饲养工》等4套国家职业技能标准及其配套培训教材和题库。

案例2:数智赋能船舶焊接实验实训课程建设与改革

学校船舶智能制造省级高水平专业群面向智能制造重大需求,高度贴合工程实践,与企业共研共建虚拟仿真焊接实训中心,打造虚拟仿真操作与实境操作相结合的沉浸式、交互式实训场景,构建线上线下、物理空间与虚拟空间无缝衔接的实训空间,有效解决船舶焊接教学中存在的"三高三难"问题,提高教学效果与质量,为培养产业转型升级需要的人才提供有力支撑。

　　虚实结合打造"绿色"沉浸式工作场景。传统的焊接实训需要消耗昂贵的焊接材料,同时产生浓烟、噪声及强烈的电弧光等,佩戴防护口罩会影响学生观察教师的操作,即传统焊接实训存在"高成本、高风险、高难度、难观摩、难实施、难再现"的痛点和难点。虚拟仿真焊接实训中心对接合作企业的岗位需求,将企业案例和工程项目转化为教学资源,采用虚拟现实、计算机图形等技术,基于大量实际数据的焊缝智能预测算法,依托VR头盔式终端和真实焊枪、焊件等设备,真实再现实时焊接操作、焊缝生成和质量分析等施工场景,使学生能够身临其境地体验焊接操作,避免或减少传统实操学习过程中的污染、安全、耗材、指导等困扰,同时可供学生反复操作以巩固技能,规范实训操作流程与方法(图6-13)。

图6-13　焊接操作台与虚仿操作界面

　　智能算法支持"无感"伴随式教学评价。传统焊接实训存在焊接效果评价方式单一、难以进行过程性评价等问题。虚拟仿真焊接实训软件通过智能算法模型,实时模拟液态熔池、温度场与应力场、熔滴过渡、焊缝成型等焊接物理以及合金反应过程,使学生能完整地观察和体验焊接各环节;具有焊接参数实时提醒、智能引导和纠错等功能,自动生成焊接评价报告;可以进行焊缝X光探伤及缺陷诊断,预测焊接效果,引导学生改进并完善焊接工艺参数。整个操作过程可全景回放,可为学生学习和教师教学提供无感式、伴随式数据采集、监测和评价,为差异化教学和个性化学习提供数据支持,有效提升教学和实训效果。

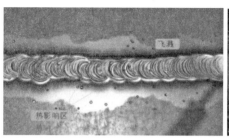

图 6-14　焊接原理模拟与评价界面

数智技术赋能"数字＋技能"人才培养。为应对造船焊接技术岗位人力资源流失严重的问题，造船企业开始建设应用无人化和自动化技术的智能船厂，"数字技术＋专业技能"人才需求加剧。学校船舶工程技术专业为合作企业输送船舶焊接技能人才 200 余人，齐鲁工匠后备人才 35 人；"1＋X"特殊焊接职业技能等级证书考核通过率达 85%，高于全国同级别 34.6% 的合格率；参加全国"船舶小匠杯"智能焊接大赛，获一等奖（图 6-15）。

图 6-15　焊接技能考核及大赛

案例 3:"VR 设计实战"校企双导师实训课程建设与改革

学校数字媒体技术专业与上海遥知信息技术有限公司合作完成了两个批次的虚拟现实项目"双导师制"课程合作。利用全景摄像机、VR 虚拟现实眼镜、专业 VR 虚拟现实制作软件等先进数字设计设备及技术,引入企业的虚拟现实项目,企业设计师指导,学生分工协作,专业教师组织实施。专业教师与企业设计师合作完成校企"双导师制"协同授课,为学院课程合作和课程建设发展增添新的亮点。

通过课程合作项目实践,专业学生以室外虚拟交互类项目实践为基础,以风景漫游交互场景为制作内容,在专业教师与企业工程师的带领下,使用行业主流全景平台以及 Unity 平台,完成了设计作品的美术资源制作和交互功能的开发,顺利产出 18 组全景 VR 实践项目作品(图 6-16 至图 6-19)。作品设计涵盖中国传统文化、红色文化、动漫场景、未来科技、人工智能、游戏世界等多种类主题,学生通过互联网观看和 VR 端不同方式展示,实现与画面中的人物或者物体互动,激发了专业学习兴趣,增强了数字改变生活的自信心和成就感。

图 6-16 荣成特色景点 VR 展示

图 6-17 学校场景 VR 展示

图 6-18 中华传统文化场景 VR 展示

图 6-19　未来科技场景 VR 展示

　　数字化技术洪流滚滚而来，颠覆了传统教育模式的陈规旧矩。以人工智能技术为代表的现代教育技术为课程教学方式带来了翻天覆地的变化，已成为未来教育发展新格局的创建者。在这种格局中，教师、人工智能和学生将相互激发、共同进步，以人机协同的新智商超越人类自身的局限，推动教学效率与质量实现质的飞跃。智能化、协同化、个性化三大主流理念，照亮了职业教育前行的道路。它们以学生为中心，倡导个性化学习，鼓励终身学习，培养学生驾驭人工智能的能力和基于人机共生的创造力，使每个学生都能在知识的海洋中自由翱翔、尽情探索。作为培养未来人才的摇篮，学校也将持续紧跟时代发展的步伐，敏锐捕捉产业发展的脉动，预测未来人才的需求趋势，不断调整专业设置和课程内容，将数智技术巧妙地融入教学，精心雕琢每一位学生的未来，让学生们能够更高效地掌握技能、更精准地对接市场需求，具备适应快速变化的社会的终身学习能力，成为高素质技能人才，为社会进步贡献青春力量。

第七章　人本关注：强化数字化转型中人的体验

数字技术推动职业教育变革，这是一场践行以人为本的重要理念、激发办学活力并提升师生获得感的实践革命，根本是为了人，关键要有体验度。教育与数字碰撞，变革已经开启，这是一次冲击，更是一次机遇。

第一节　数字人文，促进科技与人和谐交响

科技的进步是为人服务的。数字技术日益融入经济社会发展的各领域、全过程，深刻改变着生产方式、生活方式和社会治理方式，切实增强了人们的获得感、幸福感、安全感。职业教育数字化转型已成为不可逆转的趋势。在这一进程中，如何真正坚持以人为本，确保数字技术的应用切实提升人本体验，已然成为衡量职业教育数字化转型成功与否的关键标准。

一、数字化转型以人为本，创新驱动未来

数字技术全面融入日常生活，潜移默化地改变着人们衣食住行的方方面面，推动形成新生态，激发了人们的创造力、学习能力和自我实现的驱动力，从而促进个人的全面发展，增强社会的凝聚力和和谐度。数字化教育环境催生出更高效的业务流程，颠覆了学校原有的教育教学方式和组织要素结构，形成新的教育组织形态，使师生更加关注更高层次的生命成长体验。

当前，数字技术支撑和赋能的数字化生活服务应用场景持续深度融入社会生活，为我们每个人带来了便捷多样的创新服务。数字化转型精准对接人民的美好生活需要，重塑人本体验，已然被无缝地集成到我们的工作

生活之中。数据是智慧校园建设的关键要素。有效的数据分析与应用,可以为学校各类应用场景提供数据交互共享的个性化服务。在此基础上,它能够敏锐地发现问题,从而为科学高效的决策提供有力依据。学校聚焦多元数字需求,积极开展技术引领、规则协同下的多维创新,以技术平台与科技创新为力量,不断促进"数据+算法"向师生可体验、可感知的方向转化,力求学校优质教育服务的精准对接与丰富供给,创造过去从未有过的新体验。

数字技术,正在重塑世界。用好数字化工具,不断提升数字化能力,逐渐形成数字化习惯,已经成为很多人学习、工作和生活中的常态。现代数字技术对美好生活的连接与塑造,都有着深深的"以人为本"的烙印,藏着"科技为人服务"的底层逻辑。数字化工具为每个人提供了无限的学习资源和学习机会,极大地促进了信息的即时传播与共享。基于对用户对数据的深入分析,可以洞察用户需求变化,为用户提供更加智能化、个性化的服务体验。通过采用绿色数字技术、减少数字垃圾、促进数字公平等方式,可以提高人们的人本体验,实现数字化转型的绿色、健康、可持续发展。这种逻辑确保了技术的发展始终以满足人类的需求为出发点和落脚点,让科技不再是冰冷的工具,而是温暖人心的力量源泉。

二、数字化变革重塑对人的关注

以人为本推进教育数字化转型,是中国式现代化人才支撑的战略性需要,也是"坚持以人民为中心发展教育"的根本要求。职业院校的数字化转型,不应是冰冷的代码与算法的堆砌,而应是充满人文关怀的教育革新。必须始终坚持以人为本,让技术服务于人的发展,让每个师生都能在数字化的浪潮中感受到教育的温度与关怀。

技术赋能教育的终极目标,是让每个学生都能享受到更优质、更个性化的学习体验,让每位教师都能进行更高效、更具创造性的教学实践。学校致力于推动数字化思维革新,鼓励师生拥抱变化,发挥数字技术的叠加、倍增和放大效应,通过流程再造和结构重塑,优化内部管理机制,构建具有高度适应性和灵活性的体系,让教育数字化助力学生学习,让教育数字化支撑教师教学,让教育数字化赋能教育治理,让教育数字化推动交流合作,为师生提供更加便捷、高效的学习和服务体验。

对学生而言,数字化转型带来的是学习方式的革命性变化。它推动突破传统知识边界,实现跨时空学习交流,让每一名学生拥有个性化的教育方案,实现多元化、个性化、全面化发展。智能学习系统能够精准识别每个学生的学习特点和需求,提供量身定制的学习方案。虚拟现实技术将抽象的理论知识转化为直观的沉浸式体验,让学习变得生动有趣。移动学习平台打破了课堂的时空限制,使学生可以随时随地获取学习资源。更重要的是,数据分析技术能够及时发现学习困难的学生,从而提供有针对性的辅导和支持,不让任何一个学生掉队。

对教师而言,数字化转型解放了生产力、激发了创造力。智能教学系统减轻了重复性工作的负担,使教师能够将更多精力投入教学设计和学生指导中。在线教学平台为教师提供了展示教学才华的新舞台,多样化的数字工具让课堂教学更加丰富多彩。教学大数据分析为教师改进教学提供了科学依据,促进了教学质量的持续提升。

数字化转型中的人本体验还体现在管理服务的优化上。一站式服务大厅让师生办理事务更加便捷,智能服务系统提供 24 小时不间断的咨询服务,校园生活 APP 为师生提供个性化的校园生活指南……这些细微之处的改进,让师生感受到数字化带来的便利与温暖。

第二节　融合创新,用数字技术托起"稳稳的幸福"

师生幸福感一定是看得见、摸得着的。学校通过教育数字化转型,推动教育、管理、服务模式的改革发展,提高内部系统间连接与协同的效率,让数字多跑路、师生少跑腿。通过创新智能化服务工具,打破传统的时间、空间限制,拓展服务触达面,向师生提供超预期服务的感知。教师、学生与学校管理者都是数字化转型的参与者与推动者。学校以服务师生需求为数字化转型的逻辑起点,持续提升校园管理智慧化水平(图 7-1)。"Z 世代"学生具有多元化的价值观以及追求个人发展和创造力的特征,展现出强烈的个性与开放性。面对"Z 世代"学生的成长背景与个性化需求的变化,学校坚持以问题导向抓场景设计,坚持以实用导向抓应用开发,坚持以交互导向抓功能迭代,通过挖掘具有育人效应的数据资源,为学生事务管理、学风建设、生涯规划等提供更有力的决策支持,拓宽智能支撑的育人场域。

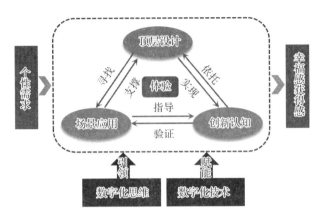

图 7-1　数字化转型人本体验示意图

一、系统化顶层设计,提升转型领导力

学校统筹运用数字化技术、数字化思维、数字化认知,聚焦一体化、全方位、制度重构、数字赋能、现代化五大改革特征,深入思考,仔细谋划,系统整体地推动业务流程再造、体制机制重塑,提升数字化改革的效率效能(图 7-2)。明确大数据技术的价值和作用,增强全校教育管理主体对数据驱动决策、数据助力管理的认识。用技术赋能有温度的教育,将"发展人"的理念融入智慧校园建设,聚焦共性个性问题,疏通堵点痛点,加强技术迭代,夯实数字基座,坚持应用为王,以激发学校主体创新积极性、能动性的工作方式代替可能出现的"干涉"和"控制",推动教育变革和创新,在塑造教育发展新优势上先行示范。

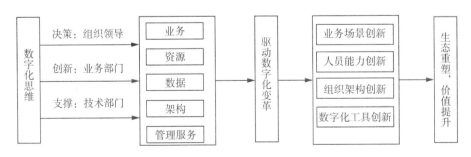

图 7-2　数字化转型系统设计图

二、数字化驱动蜕变,多维创新促发展

职业教育数字化不是一般化的策略问题,而是影响甚至决定职业教育高质量发展的战略性问题,是推动职业教育学习革命、质量革命和高质量发展的战略选择。数字技术的快速发展和万物互联的逐步实现,加速了信息流动和网络空间的复杂多变,数字空间的多元价值取向给职业教育带来诸多新挑战。学校以数据要素和数字技术为关键驱动,推动教育理念更新、教育方式创新、教育时空延展。学校重视自身数字技术对业务支撑能力的系统性建设,开发建设"云、网、端"互联互通的核心应用。这些核心应用充分发挥了教育教学资源的禀赋,催生了校园资讯、学校办公、网上办事等数字化服务新生态(图7-3)。

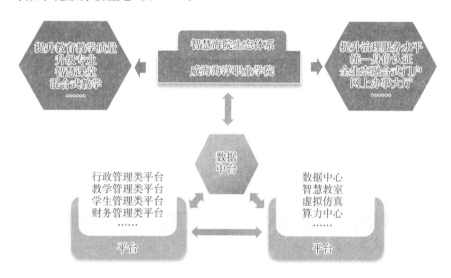

图 7-3 智慧海院生态体系示意图

数字化转型围绕"人、物、务、知"构建"体验+流程+模式"的多维创新,建立了校园智慧大脑,"云"汇海量资源,"网"联课内课外,"端"融线上线下,实现了教育与信息技术的有机融合,营造了一个以学生为中心、虚拟与现实相结合的泛在教育环境。数字技术主动融入各类教学场景、治理场景、服务场景,建设教育服务生态,进一步优化组织、创新模式,推动数据、技术与业务深度融合,以更加便利、可得的数字教育服务满足个性化教育需求。

三、从有界到互通,细化校园治理"颗粒度"

数据要素通过数字平台的赋能,打破时空界限,压缩时空距离,增强数字技术和教育之间的融合深度和广度,对体制机制、组织架构、方式流程、手段工具进行全方位、系统性重塑。学校通过引入 ISO 21001 教育组织管理体系,充分利用数字技术转变管理理念、创新管理方式、提高管理效率,支撑教育决策、管理和服务。以数字化转型整体驱动教育教学模式和治理方式变革,逐步形成全程协同的治理体系,推动智慧治理向纵深发展,加速教科研数字化融合创新,提升数字化治理工作效能,拓展智慧后勤建设等各领域的"数字+"。

例如,借助大数据、人工智能等技术,数字教育将推动智慧"五育"融合;开展"云思政"网络创新,促进德育小课堂与社会大课堂有机结合,让德育"看得见、摸得着";利用教育智能体,常态化开展智慧教学,驱动规模化因材施教;利用可穿戴设备,智能感知和监测学生身心健康,通过游戏化学习提升学生的运动兴趣;打造数字美育教室,联通名师课堂和"云场馆",支撑线上线下沉浸式美育教学;应用物联网、机器人技术构建实训基地,模拟真实工作场景,激发学生的劳动实践兴趣,锤炼工匠精神。学校围绕数据驱动的核心构建了统一的数据中台,支撑实训、教学、教务等应用场景;以数据赋能学校治理方式的变革,着力打造轨迹清晰、过程透明的学校治理新模式;实现全校"人、财、物、事"数据可视化,让学校管理者对关键信息一目了然,工作模式逐步转变为"用数据说话、用数据决策"。

又如,统一身份管理服务平台融入跨平台兼容性,实现了多应用系统间的无缝单点登录。采用友好的认证机制,简化了登录流程,为师生提供账号密码、企业微信扫码等多种认证方式,实现了人事、财务、教务、学工等全校业务系统的统一登录,解决了师生需要记忆"多账号"的困扰,让师生切实体验到了信息化服务平台带来的便捷服务。强化了安全监控功能,通过实时监控和审计用户访问行为,确保了访问过程的透明度和可追溯性。提供了多元化的密码找回和修改途径,包括通过电子邮箱、短信、账号申诉及绑定的安全问题,从而增强了账户的安全性。后台管理系统功能强大且直观易用,支持高效的应用系统接入管理,以及批量用户数据导入和精细化的用户管理操作。

统一身份认证平台已成功对接学校57个应用系统(图7-4),单点登录功能极大提升了用户体验和工作效率。用户只需登录一次,即可畅享所有通过身份认证的应用系统服务。

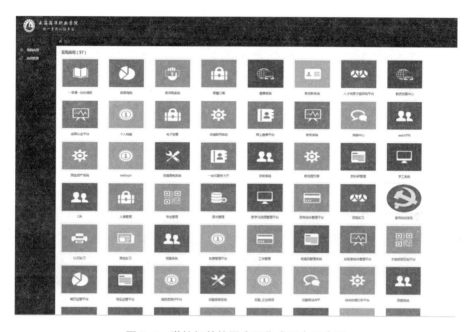

图7-4 学校智慧校园应用集成平台示意图

四、人人皆可学,无处不在的智慧教学环境

学校以学习者和学习活动为核心,推动校园、教室、实验室和场馆数字化改造与智能化升级。面向班级授课、协作学习、协同教研、实验实训、在线个人自学以及场馆学习等各类学习场景,通过关键技术研发与工程化,突破知识和时空的边界,打造"无边界课堂"和云端学校,用一根根网线消弭数字鸿沟,用一块块屏幕链接不同的课堂,使优质课堂时空交叠处处可见、优质课程跨越山海时时可及。

积极拓展物理、数字与服务三维空间,构建以学生为中心的教学环境。建成多媒体教室与常态化录播教室、智慧教室106间,标准化考场45间,实现了教学设施的智能化管理、智能化运维和教学手段的现代化。依托虚拟现实、人工智能等新一代信息技术,围绕水产养殖、船舶建造等教学、生产和实践过程中"进不去、看不见、动不了、难再现"的难题,建成3.2万平方米的现代海洋协同创新中心,建设虚拟仿真实训系统与真实场景实操平台相结合的实训教学环境。航海模拟器由船舶驾驶视景软件系统、船舶驾驶模拟器和沉浸式显示系统共同构成,用于船舶驾驶模拟仿真训练和船舶航行过程中的数据仿真验证(图7-5)。

图7-5 学生在航海模拟器训练技能

联通智慧教室、虚拟仿真实训系统和国家职业教育智慧教育平台,可以打造融互为师生、自适应学习、智能诊断、智慧评价于一体的沉浸式育人空间,支持个性化学习、探究型教学等,实现课前、课中、课后教学互动以及教学评价等模式的数字化重构。虚拟仿真实训突破了教学的空间限制,让学生能在低成本反复训练中提升技能水平。

如今,学生成长在与数字技术密不可分的环境中,对数字化学习方式有着天然的适应性。学校成立"山东省移动云教学大数据研究中心",以服务学生发展为中心,建设"平台+资源+服务"三位一体的学习服务平台,围绕"课前—课中—课后"全场景,营造全时泛在的教学新生态。建立知识、能力图谱与诊断服务体系,深入分析用户的学习行为与需求特征(图7-6)。大力实施混合教学模式改革,积极开展微课、慕课、线上线下混合式课堂、翻转课堂等课堂教学模式改革,构建高效课堂,促进形成个性化的学、差异化的教。全方位建设各类课程的数字化资源,开发多种形式的数字教材,推动教材改革。这些资源可以为教师提供更丰富的教学工具和教学方法,激发学生的学习兴趣,提高教学效果。同时,教育数字化转型也可以挖掘分析学生个性化的学习体验,根据不同学生的学习进度和需求进行定制化的教学,帮助学生更好地理解和吸收知识。

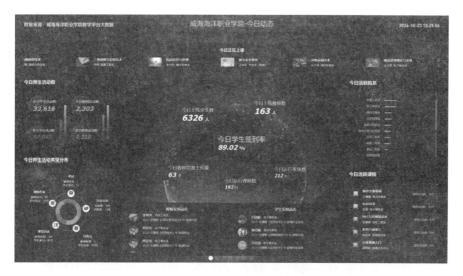

图 7-6　学校数智教学服务平台

五、以师生需求为导向,方便周到的校园服务

学校加强统筹设计,面向核心场景,构建智慧校园统一身份认证平台、统一信息门户平台、统一移动端认证门户平台、统一消息分发平台、统一电子签章管理平台、统一生物(人脸)识别管理平台和统一开放共享数据中心的"6+1"智慧校园体系(图7-7),提供统一的应用入口和使用体验,打通数据孤岛。推进一端统管,加快党建思政、教师管理、教师培训、学籍管理、学生资助、政务服务等业务系统的架构治理和数据共享,细化管理颗粒,重组数据接口,再造业务流程,推动管理入口统一汇聚、管理末端广泛延伸,实现师生所需信息的超融合,分别为师生提供精准的资讯、应用和流程服务等内容,带来个性化的服务体验。方便快捷服务的背后,是学校不断打破数据壁垒,开放数据跨界融合,用数据串联起多种应用场景的"底层逻辑"。来自各子系统的数据通过整合,无缝对接运用到教师管理、教学管理等应用场景中,实现师生用户身份的统一认证和单点登录,提高运维效率。

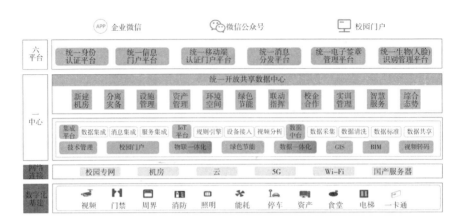

图 7-7　学校智慧校园架构图

学校坚持"以师生为中心"的服务理念,聚焦广大师生日常办事过程中反映强烈的"急、难、愁、盼"问题,推动"一站式"网上办事大厅建设(图 7-8),使数据多"跑路",师生少跑腿甚至不跑腿。搭建基于区块链技术的云上实名认证电子签章平台,打造网上预算报销平台。跨业务系统流程整合和数据同步,迎新数据赋能新生报到精准管理和便捷服务。优化服务报修系统,增加满意度及处理结果图片反馈功能,确保师生反映的各类问题均第一时间落地处理,形成服务闭环。建设智能门禁,构建物联网监控分析管

图 7-8　学校一站式网上办事大厅

理平台，建设智慧校园环境管理平台，升级改造校园智慧安防系统。建设"智慧图书馆"，师生可以凭借"刷脸"进出图书馆，无需借书证、校园借阅卡，无卡化实现图书借阅归还流程。通过电子图书馆，学生可以在线查看借阅情况、书单排行，进行新书咨询、图书检索等。

以腾讯"企业微信"作为智慧校园移动端统一认证门户（图7-9），通过搭建轻量化的小程序，打造一个便捷服务窗口、应用统一入口、师生互动的良好接口，集成教职工线上协同办公、智慧教务、教学耗材及办公用品申领、校园设施设备故障报修服务、企业微信微盘服务、电子邮箱服务、虚拟校园卡等100余项与师生密切相关的智能服务与应用，基本覆盖师生校内外各类场景需求，增强师生衣食住行、社交娱乐的便利性，为师生提供随时随地、随需而动的校园信息化生活服务体系。校园一卡通可通过手机虚拟卡实现无卡支付，支持人脸识别支付、刷卡支付等多种支付方式。师生可随时进行线上充值，实时查看消费记录及余额，提高就餐效率，优化就餐体验。

图7-9 学校智慧校园移动端

数字化赋能学校安全治理,通过接入"天眼"系统,利用学校原有设备,升级校园安防守护,打造融基础安全管理、重点区域治理、智能风险防控、校园安全预警于一体的校园安防新生态。无论是校园门岗管理、宿舍管理,还是学生一天的校园行迹追踪,智慧校园系统都给我们安上了一双"科技之眼"。

第三节　智慧共生,不负师生的幸福期待

随着经济水平的提高,人们越来越自信的同时,也越来越"自我",或者说更有"边界感"了。如何为师生提供"不打扰、不冒犯、优质贴心"的服务,是当下职业院校数字化转型追求的服务升级的方向。

学校把以人为本的理念贯穿到数字化转型的全过程、各方面,强化应用牵引、数据赋能、关键支撑,以人的需求为导向,打磨数字化与师生服务细节,打造全场景智能化服务,加快形成一批师生最关心、最直接、最受用的数字化应用,让广大师生可感、可知、可及,乐享便捷智能服务,显著提升了服务体验。

一、多维创新,数据驱动,共绘师生成长画像

师生的幸福也是教育管理者为之奋斗的幸福,要让每一位有梦想的人在教育这片热土上勇敢追梦。学校建设师生数据大脑,多维数据赋能师生个性发展。全生命周期数据共绘师生画像,以数据技术赋能师生数字画像建设,创建数字技术与教学过程相融合的智能支持系统与信息管理平台,分析师生行为动态,为教学过程监测、学习成效诊断等提供科学依据。

(一)学生画像:实现过程性评价

学校通过深入分析与挖掘,实现对学生数据的采集、接入、存储、管理和分析,促进学生管理数据的流动、多维分析和发展趋势预测,建立学生综合素质发展档案,打造集价值引领、数字管理、智能服务、科学研判于一体的"学生成长管理服务智慧平台",为在校学生建立全方位的成长画像。

第一,开发完善学生成长智慧平台,精细管理服务流程。平台以学生教育管理功能需求为核心,以学校育人力量为支撑,以校内涉及学生服务

管理的职能部门为依托，以精准教育、管理、服务学生为目标，建设19个应用大类，涵盖79个功能模块，实现学生从入学到毕业全周期的教育管理。在功能维度上，平台详细记录学生学习、生活、成长和发展的各项纪实数据，上线100余项学生服务管理业务（图7-10）。学校基于平台，利用学生自身产生的数据，为每一位在校生构建模型，从德、智、体、美、劳等方面对学生进行全面评价。

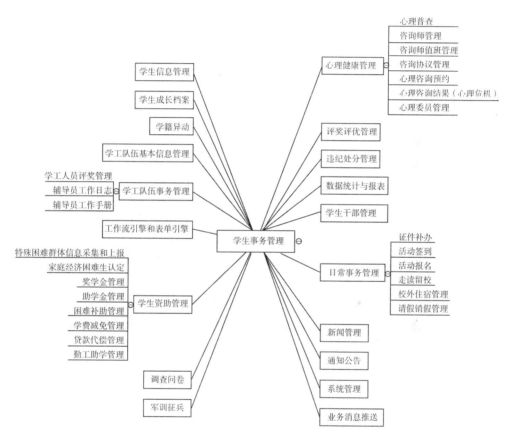

图7-10 学生成长智慧平台服务范围

第二，精准构建数字育人画像，赋能学生个性成长。构建以学生为中心的自适应学习环境，全方位记录个体的学习数据，通过信息跟踪挖掘、数字回溯分析等描绘个体的学习轨迹，形成个性化知识图谱，为每一位学生生成"成长画像"，促进学生既全面又个性地成长（图7-11）。平台不仅实现了对学生数据的全面整合，更通过精准挖掘每位学生的"数字育人画像"支撑其个性化成长。利用大数据与人工智能技术,平台可自动同步学生画像数据,包括学籍信息、学籍状态、学籍异动、学生成绩、奖惩信息等与学生日常管理相关的必要信息。同时,平台画像数据可同步上传至学校数据中心,实现"数据链接"向"数据共享"深化转型,便于各部门间协同育人,共同促进学生的全面发展。在数字画像精准度治理方面,学生处和辅导员可实时对学生数据进行补充、维护、更新,对学生的学业、科研、实践、生活、评奖评优等方面进行精准记录,确保画像的时效性和准确性。数字育人画像提高了学生工作的针对性和有效性,可为每位学生量身定制成长发展路径,使得每一位学生都能得到最适合自己的指导和帮助。

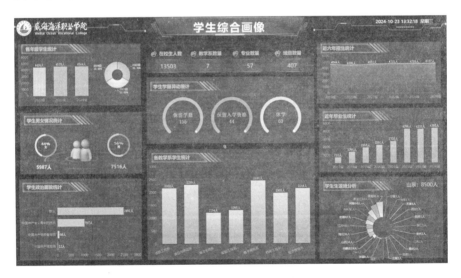

图7-11 学生综合画像示意图

(二)教师画像:提升成长内驱力

全面梳理教师全生命周期数据,形成教师个人画像(图7-12)。梳理清洗中心数据库已有的数据,全面展示与教师相关的各类信息,如基本信息、学习工作经历、教学信息、科研成果、个人资产、工资信息、消费信息等。将数据仓库中的教师数据按照教学、科研、人事等主题分类,形成教师个人数据中心。在此基础上坚持"基础信息数据自动获取、业绩数据随时录入且经过审核后多次复用、主观内容自主填报"的原则,确保教师的个人数据全面、精确。教师的个人数据应用与专业技术人员的年度考核结合,将教职工的教学课时、科研成果、获奖情况等数据按考核要求汇聚融合,形成专业技术人员年度考核数据报表,有效利用已有数据,减轻教师的工作负担,提升教师的获得感和满意度。

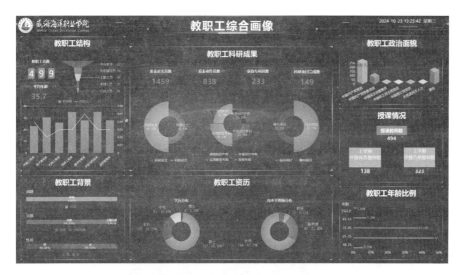

图 7-12　教职工综合画像示意图

以教师画像为基础,构建教师个人信息中心,全面展示与教师的基本信息、学习工作经历、教学信息、科研成果、个人资产、工资信息、消费信息等相关的各类信息。教师可以实时查阅个人信息,了解自己,以期进行正确的职业选择。教师个人的学习行为与偏好能被用于需求分析与服务推荐,有利于学校管理者和决策者加强对教师群体现状需求的分析和判断,发现教师队伍建设与治理的问题和难点,制定有针对性的解决方案。同时,构建面向教师发展的数字化综合素质评价体系(图 7-13),充分利用大数据和人工智能技术,赋能教师的职业规划和发展。构建教师数字画像,提升需求分析和个性服务的精准度。教师可通过自主式学习、混合式学习和嵌入式学习,提升自身的硬技能与软技能水平。

二、健康教育,体重管理,大数据赋能绿色低碳健康行动

学校启动绿色低碳健康行动,以体重管理为切入点,倡导师生共同参与,营造健康的饮食和运动环境(图 7-14)。将健康教育融入日常,培养师生的健康观念、知识和能力,促进师生将健康理念转化为健康行动,以行动

促进健康,促进师生绿色低碳生活方式及行为习惯的系统养成与发展,凝练具有学校特色的绿色低碳健康文化。

图 7-13　教师数字化综合素质评价体系

图 7-14　健康体重,一起行动

(来源:山东省卫生健康宣传教育中心第 36 个爱国卫生月宣传)

（一）数字健康画像，精致身心管理

依托智慧校园，每月动态监测师生健康指数。对身体成分、肌肉脂肪、肥胖程度等有效数据进行统计分析，健康管理中心自动绘制师生"健康数字画像"。全面收集师生的体质数据，构建师生健康预警系统，涵盖学生体质健康、学生营养与食品安全等方面，智能生成健康数据综合分析报告，定期向个人用户端口推送体重控制、健康减脂、营养食谱等管理建议，引导师生关注身体质量指数等健康指标，科学制订增强体质的健康计划，逐步养成绿色低碳健康的生活方式。健康管理中心可直观展现全院师生的健康数据情况，自动对比各部门、各师生历史数据的变化情况，自动评选健康工作先进部门、健康模范榜样师生，实现"监测—评估—反馈—干预—保障"闭环管理（图7-15）。

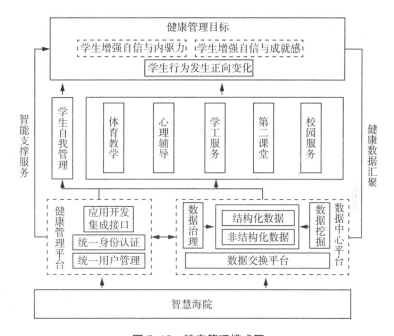

图 7-15　健康管理模式图

教师健康指数与党建活动、后勤管理、工会服务贯通融合，通过开展主题党日、倡导科学饮食、组织运动团建等方式，引导教师保持健康年轻的心态，持续激发活力动力，发挥榜样表率作用，养成绿色低碳健康的工作生活习惯。学生健康指数与体育教学、第二课堂、心理健康教育互联共享，为不同学生提供专属的健康指导方案,达标的学生可以置换相应学分,帮助学生树立信心、增强体质、提升体能,努力实现德、智、体、美、劳全面发展。

通过分析数据,评估师生的体质健康风险,并提供相应的管理策略。健康管理系统可以实时监测学生的健康行为,如运动情况、饮食摄入、睡眠质量等。通过数据分析和反馈,学生可以了解自己的行为是否符合健康标准,及时调整自己的行为。例如,如果学生的运动步数不足,系统会提醒学生增加运动量;如果学生的饮食摄入不均衡,系统会提供合理的饮食建议。健康管理系统可以根据用户的健康状况和需求,制订合适的健康计划,包括饮食、运动、休息等方面的建议。学生可以在健康管理系统中设定自己的健康目标,如减肥、增强体质、提高睡眠质量等。系统会根据学生的目标,制订相应的计划和提醒,帮助学生逐步实现目标。在这个过程中,学生可以养成良好的健康习惯,如坚持运动、合理饮食、规律作息等。根据学生的个人信息和健康数据,健康管理系统可以为学生提供个性化的健康建议。这些建议包括合理的饮食搭配、适当的运动计划、良好的作息时间等。学生可以根据自己的实际情况,制订适合自己的健康计划,提高健康意识和自我管理能力。健康管理系统可以引导学生养成合理膳食、科学运动、充足睡眠、控制视屏时间的健康习惯,将健康体重意识融入校园学习和家庭生活。同时,引导师生正确认识体重变化,避免体重偏见。

(二)健康心理管理,享乐快乐人生

倡导师生以乐观、开朗、豁达的生活态度,积极参加社会活动,培养健康的生活习惯和兴趣爱好。我们既要恰当地评价自己,应对日常生活中的压力,又要有效率地工作和学习,保持对家庭和社会有所贡献的良好状态。构筑良好的人际关系,有利于建设和谐的社会环境。学校关注学生心理健康,配足配齐专兼职心理健康教师,开设心理健康教育课。加强标准化心理辅导室(咨询室)建设,利用主题班会、家长成长课堂等途径,通过线上线下相结合的方式,多途径多渠道普及心理健康知识,规范发展心理健康教育服务。加强对重大疫情、重大灾害等特殊时期师生心理危机的干预,进一步提高学生的心理健康水平,全面提升学生的健康素质。指导学生制订学习和生活计划,保持健康、规律的生活作息。鼓励学生通过积极运动锻炼身心,保持健康的体重,提升抗压能力,保持阳光乐观的心态。师生在持续"冲绿""保绿""优绿"的过程中,立榜样,树信心,增体质,提体能,更加关注健康、敬畏生命,自律自主、积极向上,不断增强自我管理意识,提高自我发展能力。

（三）科学健身,促进健康

全面实施师生体质强健行动,推动体育教育教学改革。学校围绕"健康知识＋基本运动技能＋专项运动技能"目标,开设了15门专项运动技能课程。同时,成立了一批体育社团,推动学生积极参与常规课余训练和体育竞赛,形成"学校＋系＋班级＋社团"4级体育竞赛模式,提升学生的身体素质和竞技能力。将体质测试数据联通教务系统、学工系统,丰富大课间活动的形式和内容,根据学生的需求和偏好推荐合适的课程和活动,提供个性化的健身方案和建议,保障学生每天锻炼1小时,让每位学生掌握1—3项运动技能。持续开展学生体质健康标准测试,学生体质健康标准达标率达到95％。加强校园体育基础设施建设,完善校园体育竞赛体系,定期组织举办综合性运动会,加强学校运动队和体育品牌建设。

每个人都是自己健康的第一责任人,应广泛结识朋友、凝聚友谊,以更好的精神状态投身工作学习,真正把"健康第一"的理念落到实处。在充分考虑环境及同伴关系对个体健康行为的影响的基础上,学校特别强调团队的组织管理及氛围营造。广大师生通过共同参与运动强健体魄,并适时组织开展体育竞赛活动,带领团队成员互相激励、共同行动、共赴健康。

（四）合理膳食,强健体魄

数字化引领绿色发展,深入贯彻"减盐、减油、减糖"健康理念,为师生提供丰富、营养、健康的餐食,形成绿色、低碳、健康的校园新生态。后勤基建处通过提供个性化营养膳食服务,进一步优化菜品结构。注重食物多样和合理搭配,确保全谷物、蔬菜、水果、大豆和奶制品供应。控制盐、油、糖的使用,减少煎、炸等烹调方式,并提供不同分量的可选菜品。根据师生的饮食偏好和健康需求,提供个性化的菜品推荐和营养搭配,确保每餐提供多种膳食营养素,并在教工和学生餐厅推出减脂餐,满足师生自主选餐的需求。通过科普宣传、趣味活动、社会实践等,提高学生主动学习食物营养知识的兴趣,培养学生阅读营养标签、主动参与食物选择以及制作和烹饪食物等方面的能力,提升学生的营养素养。引导学生饮食有度,不浪费食物。

活动启动以来,截至目前,通过大数据指数监测分析,教师指数平均下降 1.12，学生指数平均下降 0.81，学校餐厅油、盐、糖的使用量同比减少 5.17%、8.49%和 5.60%。

三、开放跨界，融合创新，打造未来健康服务新模式

健康是师生幸福之本，校园和谐之基。在健康中国战略的引领下，学校致力于以师生健康为中心的全生命周期个性化健康管理，为师生提供便捷、精准的健康守护服务，以数字化、智能化赋能师生学习、工作和生活，增强师生的健康意识，提高师生的健康素养，健全学生的人格品质。学校利用人工智能技术优化健康管理模式，建设师生健康大数据管理平台，形成健康典型应用场景。通过数据采集设备实时探测、收集、分析师生的健康数据，并将这些健康数据通过无线网络传送给健康管理师和医院医生，由健康管理师和医生根据健康评估结果向师生提供相应的健康干预。人工智能牵手健康管理，大数据统计分析为健康管理提供科学依据，提供了全方位的健康管理解决方案，有利于提高学校健康管理的效率和水平，为师生的健康保驾护航。

（一）构建稳定可靠的信息系统基础架构

学校利用高速、稳定的网络基础设施，确保各项业务数据传输的畅通无阻。学校数据中心部署高效的数据存储和备份系统，保障数据的安全性与完整性。通过数据标准化和接口规范化，实现数据的无障碍流通与共享。

建设集医疗、医药相关业务数据和知识库数据于一体的数据平台，实现数据相互共享。一体化数据平台的数据总量超过 290 万条，知识规则信息库约 8 607 万条，形成庞大的健康医疗知识图谱。加强基础资源数据库建设，逐步实现医疗机构、医护人员、应急救治、医疗设备、药品耗材、健康管理等健康医疗基础数据和公共信息资源的集聚整合，实现对数据的深度挖掘。构建远程医疗协作平台，实现跨地域的医疗资源共享和协同。通过数字化手段，实现医疗流程的自动化和智能化，提升医疗服务的准确性和效率。

（二）打造智慧互联健康模式

学校始终把师生的健康需要作为提供健康服务的出发点和落脚点，把师生满意度作为衡量工作的标准，倾力构建舒适化的医疗健康服务新模

式,建设"健康评估—医疗服务—运动健康—工会赋能"的师生健康管理全面线上化服务的健康信息平台(图7-16),与学校的数字化系统实现无缝对接,使医疗资源上下贯通、医疗信息共享互阅,让便师惠生真正向纵深发展。

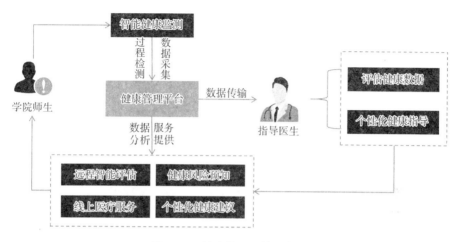

图7-16 健康管理系统示意图

基于大数据分析,强化师生健康管理与预防。结合先进的图像处理、生物信号处理以及人工智能技术,通过不间断、无感知的数据采集,借助人脸检测识别完成人物身份确认,精准提取目标人物的身心健康关键信息,实时探测、收集并分析师生的健康数据,打造个性化的健康建议和管理方案。健全职工健康档案,定期组织职工体检,综合评估体质状况。加强职工健康教育,培养健康的工作方式。开展争做"职业健康达人"的活动等,丰富职工的体育健身活动,提高职工的健康素养和身体素质。依托云端大数据和人工智能服务,为每名师生建立详细的健康画像,记录师生的基本信息、体检报告、疾病史等,通过直观的图表展示师生的健康评估和体检结果等各类健康数据。打造一个面向师生的企业微信小程序,提供便捷的健康服务,包括心理健康设备预约、体检预约和快速问诊等。全流程闭环式健康管理服务提供24小时线上个性化生理、心理干预,让师生能够随时随地享受服务。健康管理系统可以全面监测师生的身体和心理健康状况,不仅能够为学校管理层提供全面、实时的师生健康数据,也能够为师生提供个性化、便捷的健康服务,促进他们主动参与健康管理,共同营造一个健康、和谐的校园环境。

"数字化+医疗健康",让医疗健康服务模式和师生的就医体验发生深刻改变。线上与线下相互融合,亦让医疗与健康服务深度融合。运用先进的信息技术和智能化设备,并运用传统中医理念与现代治疗技术,借助健康管理平台能力,可以打造安全、舒适、专业的医疗服务空间,为师生提供可跟踪的全面、个性化的保健医疗照护,动态展示师生的身体健康状况、心理健康状况等,便于分析不同师生群体的生理、心理状况特征和服务获得情况。健康管理平台将实现数据的全面互联互通,通过算法优化和模型训练实现全方位的健康监控跟踪。师生可以在线获得个性化的健康建议和治疗指导,也可以利用智能化设备进行实时健康监测,获得更加个性化的健康管理方案。借助视频问诊、远程医疗等数字技术,师生不用去医院就能获得医疗卫生服务。

学校利用新生入学教育、军训等时机,开展传染病预防、安全应急与急救等专题健康教育活动。充分利用广播、宣传栏、学生社团活动、校园网络、微博、微信等传统媒体和新兴媒体,经常性开展健康教育宣传活动。针对师生关注的健康问题,学校持续加大健康教育与知识普及力度,将健康管理系统纳入健康教育课程中,精选教学内容,开设健康教育公共选修课,并发挥学校食品医药专业的优势,为师生提供健康知识文章、视频讲座、在线课程等丰富的健康教育资源,使师生可以学习到更多的健康知识和技能,了解常见疾病的预防和治疗方法,提高健康素养和自我保健能力。通过健康教育、健康咨询等方式,提高师生的健康素养,鼓励师生主动参与健康管理。将学生健康素养和生活作息等行为习惯培养融入学生管理工作,及时了解学生的心理状况和心理需求,有针对性地开展心理健康教育、心理辅导与咨询。把学生参与健康教育活动纳入学生志愿服务等学生社团活动,鼓励学生积极参与健康教育实践活动,传播健康的理念和知识。创设良好的校园卫生环境,潜移默化地培养学生的公共卫生意识和卫生行为习惯,树牢"大健康"理念,推动工作重心前移,坚持"防在前",突出"治未病"。建立涵盖疾病预防、营养膳食、心理健康等多方面的健康教育资源库,发挥在线课程的作用,开发健康教育网络课程、慕课、微课等,为全体学生提供便捷的健康教育学习平台,增强学生运用网络资源学习的能力,扩大健康教育的覆盖面。

四、产教融合,绿色低碳,建设精致校园

学校坚持以习近平新时代中国特色社会主义思想为指导,厚植创新、协调、绿色、开放、共享的新发展理念,强化忧患意识和底线思维,以数字化思维统筹高质量发展和高水平安全,打造和谐、安全、舒适的学习、工作与生活环境,建设优美宜人的精致校园,保障师生的生命和财产安全。

(一)利用智慧能源管理平台,建设绿色低碳健康校园

学校推动绿色能源技术的创新发展,建设绿色高效、柔性开放、数字赋能的能源管理平台(图7-17)。通过智能传感器和物联网技术,学校实时监控各区域的能耗情况,涵盖水、电、气能耗消耗等。数字孪生模型使能耗数据可视化,便于管理人员识别高能耗区域并进行优化。智能分析通过大数据识别能耗模式,预测未来需求,制定精准管理策略。节能优化功能基于数据提出调整建议,监测设备异常能耗,及时发出预警,避免浪费。定期生成的能耗报告可用于评估能效绩效,支持决策与改进。此举整体提升了学校的能效管理水平,降低运营成本,推动可持续发展。

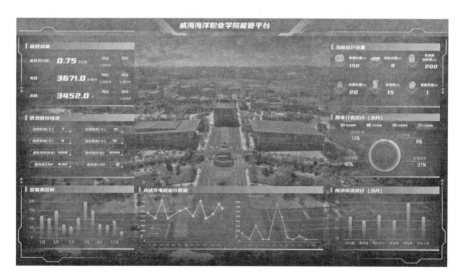

图7-17 学校智慧能源管理平台

通过物联网技术对水、电、气等高耗能设备进行计量和控制,实现远程抄表、实时监测、数据分析和智能控制,为学校的能耗分析、能源流向、节能目标提供有力的数据支撑。提升学校能源管理水平,解决各建筑、各系统的能耗采集、统计、分析及结算等问题,并且实现对能源系统的监测和管控。

通过数字化手段,利用传感器收集各建筑物的水表、电表的实时数据并进行分析,精确掌握水电使用情况,实现更精细的调控和资源分配优化。预计数字化节能监管平台建设完成后,学校的整体能耗可降低5%以上。基于数据分析,可以预测水电设备的运行状态和可能出现的故障,提前进行维护,减少意外停机和能源损失,提高设备的可靠性和使用率。

有针对性地制定管理策略和节能措施,对教学实训场所、学生宿舍和创新实训基地的空调和建筑物内的地暖进行升级改造,实现空调和地暖的集中管理和自动化节能,提高了管理效率,节约了能源。借助数字化工具和算法,不断挖掘节能潜力,推动水电利用效率的持续提升。

(二)用智慧守护平安,实现"平安校园"数字化转型

学校不断加强数字化建设顶层设计,推进各部门安全管理信息融合,以数字手段弥补和完善传统管理方式中的弱势和短板,为各类突发事件应急处置提供大数据支持。

学校高标准建设安全应急指挥中心,建设校园安全管理信息系统,集全校安防、消防于一体,实现一处报警、多点联动、即时处置。智慧灯杆用于集约化管理,搭载感应路灯、高清摄像头、Wi-Fi、智能广播等多种设备,实现校园内车辆、人员轨迹全覆盖,黑名单人脸识别报警,围墙警戒报警,机动车辆超速抓拍、违停抓拍,对学校关键区域进行24小时监控,实时记录和回放视频,提升安全性。在安全应急指挥中心的大屏幕上,利用人工智能技术智能分析,自动识别可疑行为,及时发出警报,减轻人工监控的压力,有力保障了校园突发事件应急处置高效、规范、有序开展。

人脸识别门禁系统实时展示当日入校的教职工和学生人数,并支持分时段统计,以直观呈现人数的变化趋势,为学校实现精准的人员管控提供数据支持。车辆门禁系统展示当日入校的校内与校外车辆的统计分析,以及分时段分析结果,同时支持实时展示入校车辆的详细信息,包括车牌号、入场名称、进校时间和车辆类型,为校园车辆的监管提供了全方位的信息。

外来人员访客系统能够清晰展示近7日的访客入校情况,为访客管理提供了翔实的数据支持,有助于校园管理部门对访客活动的监管与掌控。通过校园安全态势总览,该系统能够以不同的时间维度呈现访客数、车辆入校数、告警数以及设备正常运行率等关键指标,为决策者提供全面、综合的校园安全态势方面的数据,使得管理更加科学有效。

实验室的安全隐患整改功能,能够用于清晰呈现实验室的整改安全隐患清单,包括实验室名称、楼号、房间号及隐患类型,有助于促进实验室安全管理的深入推进。

安全是一切工作的基础和底线,学校在校园安全管理中,积极融合运用数字化技术手段,创新校园安全综合治理模式,用好隐患排查"扫雷器",卜好风险防控"先手棋",筑牢固本强基的"基础桩",全面提升校园安全风险防控水平。

第四节 为人而转,塑造有温度的数字体验

数字浪潮不可阻挡。在这个过程中,我们既要拥抱科技,享受其带来的便利与高效,更要坚守人文,保留那份温暖与关怀。面向职业教育数字化发展的确定性未来,每个人手中都有笔墨,都会在自己的工作、学习、生活里续写筑牢数字化转型与重塑的诗篇。推进院校数字化转型,就是要让校园的服务功能更便捷,使得职业教育中的每个人都能在生活中感到智慧便利。这不仅要依靠技术的迭代,更需要与传统领域的融合创新,最终让数字化校园更有"温度"。

数字化蕴藏着变革的力量,学校将不断提升数字化服务水平,积极响应数字强国战略,以数字创新催生新的发展动能,为创造更高效、便捷、安全的服务体验而努力。让师生认识数字化发展规律、理解数字化思维方式、掌握数字化思维方法,提高数字技术创新应用能力,从而有效推动组织架构融合发展,构建以用户为中心的管理模式,打造开放融合的合作生态,助力数字化转型不断取得新的突破。教育数字化转型绝不能仅是一次"教育+数字技术"的形式变革,而是要强化理念创新和数据赋能,运用先进的信息技术和数字化工具,推动教育变革和创新,提升教书育人的效力,回归服务育人的本质。数字化转型需要注重师生的需求和体验,以师生为中

心,提供更好的教育服务和支持。因此,职业教育数字化转型的任务是发挥数字化技术的优势特点,遵循教育规律和人的身心健康发展规律,探索解决阻碍教育创新发展的实际问题,让数字技术成为教育变革和教书育人的推动力量,发挥数字教育的增值效应。

学校与"数"俱进,变数字技能为师生的学习能力。学校常态化开展全员信息技术应用能力提升培训,提高职业教育行政管理干部的信息化领导能力、支撑队伍的技术服务能力、教师的信息素养与数字化教学能力,将数字素养作为职业教育学生的核心素养加以培养,促进学生信息素养和信息化职业能力的全面提升,形成可持续发展的终身学习能力。

提升干部的数字化领导力。管理人员需要具备分析决策的能力,在数字时代,这种能力很大程度上又体现为掌握数据、分析数据并据此决策的能力。增强管理人员的数据思维,不能泛泛而谈。教职工应树立"数据就是生产力"的理念,加强数据归集,促进数据开放和共享,努力掌握更多运用数据分析决策、管理服务的本领。一方面,搭建干部数字化学习平台,通过专家引领、专题推进等方式为干部数字化领导力的提升提供专业性指导和创设交流研讨空间;另一方面,强化干部在学校数字化转型中的责任与担当。学校明确数字化转型的目标定位,处理好"可建"和"需建"的关系、"建好"和"用好"的关系等,将教学数字化转型建设置于实现学校内涵发展的高度,促进学校数字化转型稳步推进。

提升教师的数字化胜任力。以数字化拓宽强师之路,着力培养适应"数字变革与教育未来"的新教师。2022年,教育部发布《教师数字素养》,旨在提升教师利用数字技术优化、创新和变革教育教学活动的意识、能力和责任。在人工智能、大数据和机器学习等技术迅速发展的时代,从业人员需要具备基础技术素养和前瞻性思维,以便理解这些新兴技术的运作原理。技术素养的提升不仅限于对新兴工具的操作,更在于掌握其背后的理论逻辑,进而理解智能化技术是如何从根本上优化职业教育发展的。在实践中,一方面,应组织教师参加数字化教学能力提升培训、数字化协同教研、各类教学赛事等,帮助教师了解并利用数字技术改善教学,促进学生学习;另一方面,应提高教师数字素养评价的动态性与精准性。大数据技术的优势在于能够全过程、全周期监测教师教学的数据信息。数据挖掘技术能够精准呈现教师成长的"数字画像",通过智能化的跟踪与反馈,分析与诊断教师数字素养发展的困惑与需求,提供分层分类的"精准施训"方案。

提升学生的数字化适应力。学生群体被称为"数字一代",他们既是教学的主体,也是数字化建设的参与者和数字化生态的维护者。为了构建多元化的知识体系,教师要引导学生参与教学数字化建设实践,通过创新数字化课程设计、制定数字化课程标准、建设数字化教学资源、参与数字技能大赛等途径,确保所传授的课程内容的多元化,并制定个性化的人才培养策略,以培育学生的数字信息素养、数字思维素养、数字技能素养、数字安全素养、数字道德素养,使学生警惕"信息茧房"等技术陷阱,身体力行,维护风清气正的教学育人生态。

浩渺行无极,扬帆但信风。我们欣喜地看到,教师在教学中自信地展示,学生在数字教育平台上快乐地学习,数字鸿沟正在被一点点地填平,数字文明的光芒正照亮每一个人的生活。我们深知,这不仅仅是技术的进步,更是社会文明的进步。唯有如此,科技才能真正成为促进社会进步、提升人类福祉的有力工具。让生活因科技而美好、因人文而温馨,让温暖的科技之光照亮每一个角落,连接每一个人的心。

第八章 服务升级:推动技术服务与应用的数字化转型

作为与社会发展息息相关的重要教育类型,职业教育应积极作为,充分发挥自身特色与优势,主动融入数字化转型浪潮,探索赋能产业发展、助力乡村振兴和促进国际交流的新路径,以数字化思维有效引领社会服务效能的全面提升。

第一节 立足海洋战略,服务海洋产业发展

数据已成为新型生产要素,是数字化、网络化、智能化的基础。激活和发挥好海洋数据要素的潜力,是海洋产业高质量发展的重要保障。学校在服务海洋产业发展的进程中,以数据资源为核心,以创新驱动为引擎,以技术服务为载体,利用海洋大数据管理平台,高效采集、存储各类海洋科研数据。发挥大数据实验室的数据分析、整合功能,深入剖析影响和制约项目建设的关键因素,优化未来项目的规划和实施,推进科技成果转移转化,为加速海洋产业转型发展提供全面精准的数据参考和信息支持(图 8-1)。

一、平台建设激发海洋产业创新活力

海洋产业的绿色转型方兴未艾,成为海洋经济发展的优先级板块。学校依托"山东省船舶控制工程与智能系统工程技术研究中心""山东省海洋经济藻类资源开发与利用工程技术协同创新中心"等 20 多个国家、省市级科研平台,与中国电子、中国软件等国企央企共建国家工程实验室等数字化科技创新服务平台,重点打造海洋科技数据中心,有计划、分步骤、分阶段、可持续地加强原创性、引领性技术攻关,发挥数字技术对海洋经济发展

实践篇 147

图 8-1 服务海洋产业发展架构图

的放大、叠加、倍增效应,为海洋产业发展、科技进步、环境保护等提供数据支撑。

(一)数字化海洋创新平台汇聚和放大海洋数字价值

学校牢牢把握海洋大数据发展"脉搏",加快推动现代信息技术同海洋产业的深度融合。通过与电信运营商合作,建立符合国家安全标准的海洋大数据中心,配备先进的计算和存储设备,构建高性能网络和安全系统,研发海洋大数据可视化技术。利用5G、物联网等新技术手段精准采集海洋数据,开展海洋大数据处理、分析和挖掘技术研究,探索在海洋环境监测、海洋资源开发、海洋灾害预警等领域的实际应用。整合海洋观测、远程遥感、渔业资源等现有的海洋数据资源,实现数据互联互通,搭建国家东数西算海洋节点,实现与国内外相关机构海洋数据的交换和共享。

案例:"国家工程实验室"注入数字化转型新动能

学校以服务海洋发展为导向,积极对接信创与网络安全产业,融合政府、学校、行业、企业资源,争取国内首个面向海洋领域的"大数据协同安全技术国家工程实验室"落户学校。实验室联合中国电子、哈尔滨工业大学和高职院校攻关创新,建设海洋大数据安全协同研发平台,开展大数据安全核心技术研发和实践应用,打造具有跨部门、跨区域、跨行业安全协同能力的服务平台,支撑国家重大工程建设,为区域经济发展和产业转型升级提供数据保障。

(二)数字化海洋创新平台助力船舶产业发展

随着海洋强国和《中国制造 2025》的深入实施,数字化转型、智能化变革成为中国船舶制造业走向高质量发展的必由之路,对海洋工程装备及高技术船舶领域的高技能人才提出了迫切需求。学校结合区位优势,以数字技术为基础,加强创新融合,推进船舶智能制造创新实践平台和技能实训基地建设,加快平台与专业群人才培养相互融通,重点服务船舶行业企业开展科技研发、技术攻关和成果推广。紧跟船舶智能制造工艺装备发展前沿,完善现有实训基地设备,开展分段制造、机舱舾装、电气舾装、船舶涂装等核心岗位能力训练,实现在线编程、离线编程、船舶机器人焊接等智能化操作,助力船舶与海洋工程装备产业转型升级。

案例:平台赋能船舶工业创新研发

现代船舶智能制造与智能船舶技能创新实践平台群由山东省船舶智能装置与系统应用技术协同创新中心等省级协同创新中心组成,主要围绕船舶智能制造与智能船舶等方面,开展核心技术研究攻关。为提高数据精度,加快科技研发,学校投资 400 余万元配备数字物理仿真设备,在船舶风力推进助航智能系统、北斗卫星海上远程态势感知智能系统(图 8-2)等多个方面开展研究,精确模拟渔船运行轨迹,精准处理船舶姿态数据。平台储备技术成果"船舶矢量舵智能控制系统""船用柴油机动力系统 SCR 智能装置",联合相关企业进行技术转化 5 项,科技成果转化到款额 1 000 余万元,为企业创造经济效益 1.2 亿元。

(三)数字化海洋创新平台参与海洋环境保护

保护海洋生态环境是完整准确全面贯彻新发展理念、建设美丽中国和海洋强国、增强人民群众获得感和幸福感的使命和任务。学校积极运用新一代信息技术参与海洋生态监测和保护,通过构建数字海洋创新平台以及海洋基础数据库,对海洋环境进行全方位、立体化、高精度监测分析,从浅滩到深海,从水温到盐度,从污染物分布到溶解氧含量,捕捉记录每一个细微的海洋动态。这些数据,如同海洋的"健康档案",为我们展示了海洋的真实面貌,为海洋环境保护与治理奠定了坚实的基础。

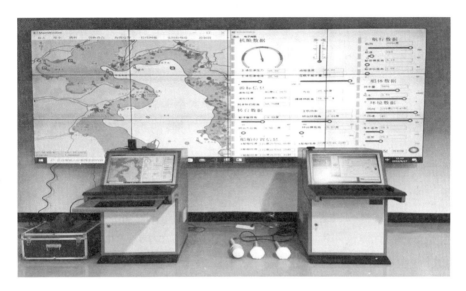

图 8-2　北斗卫星海上远程态势智能感知系统

案例：智能中心助力海洋环境保护

学校海洋大数据智能应用工程技术研究中心面积近 2 000 平方米，建有物联网、云计算、传感器、软件工程等 10 余个实验室，利用计算机集群、大数据分析与挖掘服务器、海洋水文监测、图像采集工业相机等系统和设备，开展数字水产、海洋生物调查和海洋环境监测等相关研究。中心通过对大量数据进行分析挖掘和聚集统计，发现潜在规律、关联和趋势，每年开展科研项目 50 多个，监测海域面积超 500 平方千米，搜集数据上万条，为海洋产业发展和海洋环境保护提供丰富的数据参考。

二、团队熔炼培育海洋科技人才

人才是第一资源。海洋产业的发展需要技术的支持，更需要众多优秀的海洋数字人才。学校持续加大海洋科研团队梯队和结构的建设力度，通过多种途径提升科研人员的数字素养和科研能力。

培养核心骨干"领跑"。积极引进海洋领域的高端人才，大力培养全国技术能手、齐鲁首席技师。发挥省级博士后科研创新实践基地的功能，通过跨学科合作和团队协作，鼓励科研人员参与多领域的海洋科研项目。建立完善的科研激励机制，对在数字化科研项目中取得显著成果的科研人员给予奖励和表彰，提升海洋科研团队的创新能力和协同工作水平。发挥领军团队的突出作用,教授团队主持中央引导地方科技发展资金项目、山东省重点研发计划、山东省海洋养殖创新创业共同体2024年技术攻关项目等,带头促进具有实用价值的科技成果研发。

案例:二级教授带头攻关,推进水产养殖行业发展

学校二级教授刘老师从事水产养殖技术专业教学37年,牵头建设山东省海洋经济藻类资源开发与利用工程技术协同创新中心、山东省水资源安全利用工程技术研究中心等省级创新平台6个,主持制定国家职业、行业标准10余项,获山东省科技进步二等奖、山东省教学成果一等奖等荣誉。他注重将科研管理融入数字生态,升级优化数字设备,实现价值创新,通过高效运行液相色谱-质谱联用仪、原子荧光联用仪、全自动氨基酸分析仪等上百台智能仪器设备,带领研发团队开展海洋生物数据分析和项目研究(图8-3),为市域及周边进行疫病防控指导,促进水产养殖业绿色健康发展。

图8-3 教授团队开展海洋生物数据分析和项目研究

加强中坚力量"跟跑"。学校各教学团队和专业教师以企业生产过程中的设备升级、产品开发等真实项目为载体,将项目研究内容融入课程内容,发挥科学研究反哺教学育人的功能。加强与企业技术人员协同开展教学,确保教学内容与企业实际需求紧密相连。积极鼓励师生参加"数字技术""数字化创新设计""互联网+"等数字化相关竞赛,提升科研水平和数字化思维能力,在实战中培养懂技术、能创新的技术人才。定期组织开展海洋数字化转型相关的培训和学术交流活动,提升科研人员的数字化思维和技术应用能力,为海洋产业的数字化转型与升级提供有力的中坚力量保障。

案例:团队协同创新,赋能"蓝色粮仓"

学校充分发挥海洋生物教学团队省级名师工作室的引领作用,聚焦数字技术运用,加强海洋渔业服务。与山东桑沟湾海洋牧场、艾伦湾海洋牧场、圣航水产等涉海涉渔企业搭建信息交互平台,利用传感器和智能系统在电脑端、手机端还原养殖区域真实"影、音",无感传递养殖环境参数,实时监测、分析周边的海域生态环境和企业生产运营等情况。针对渔业"看病难"的问题,团队打造水生动物疾病远程辅助诊断系统开展"云端诊疗",每年发送渔情千余次,精准指导百余家企业进行品种改良、设备升级、科学投饵等工作,使养殖企业年均产出提升10.5%,促进渔业提质增产。

学校持续加大"山东省船舶控制工程与智能系统工程技术研究中心""山东省海洋经济藻类资源开发与利用工程技术协同创新中心"等科研平台的建设和运行力度,促进科研团队之间跨学科合作和协同创新,提升科研工作的效率和质量。目前,学校的国家级教科研项目立项数量、发明专利授权数量、科技创新活力在全国1 500多所高职院校中分别位居第25名、第29名、第38名。

三、成果转化赋能新质生产力

习近平总书记在2024年全国教育大会上指出,强化校企科研合作,让更多科技成果尽快转化为现实生产力。学校紧跟时代步伐,紧盯前沿动态,围绕驱动创新链高效运转,积极探索数字技术在科技成果转移转化中的赋能路径,为推动海洋产业发展提供强劲动力和坚实保障。

(一)以数字发展巩固海洋科研优势

建设高水平海洋科技创新智库,围绕科技人才成长、科技成果转化、海洋产业发展等领域开展课题研究。积极主动加入与海洋领域相关的数字化、智能化学会、协会,准确把握海洋行业发展最新动态。加强数字技术交流学习,积极开展海洋数字教材编写、共享数字课程资源开发等工作,逐步巩固扩大海洋科研优势,持续推广和应用数字化转型科研经验。加大校企科研合作力度,联合开展技术攻关,加速科研成果的转化与落地。

案例：科技成果转化助力海洋食品加工装备智能化

扇贝是我国沿海区域主要的养殖贝类，产量巨大。为解决传统大锅蒸煮、人工剥壳等低效率处理扇贝的问题，学校联合山东金瓢公司共同开展"海洋养殖场扇贝肉壳分离智能高效加工生产线开发及产业化"项目，通过系列技术创新，不断迭代优化数据，实现扇贝养殖笼清洗蒸煮、贝肉分离、单体速冻包装全流程机械化、智能化。通过该项目的实施，企业每天可完成 1550 吨扇贝加工，替代传统人工作业 8200 余人，加工效率是传统手工劳动的 500 倍以上，且贝肉品相更好。该项目不仅节省了大量繁重的体力劳动，解决了环境污染问题，而且有效促进了水产养殖加工业健康高效发展，具有广阔的前景和深远的经济社会效益。

（二）以数字发展促进科技思维转变

学校在加强科技平台建设和海洋资源积累的同时，注重引导海洋科技服务团队和企业培养树立数字化思维，推动传统理念从固有框架向数据驱动模式转变，提升科研平台数据资源的转化效率，增强科研工作的有效性和实用性。

案例：海归博士转变思维实现养蛎机械化

海洋养殖专业海归李博士与威海罗家庄村结对合作，协助牡蛎养殖专业合作社建设农科驿站。起初，囿于直觉判断和固化思维模式，李博士的科研方向和路径难于突破，科研潜力得不到有效发挥。随着学校步入数字化转型的快车道，李博士深刻领悟到了数据的强大力量和重要价值，其思维模式也得以突破，不再局限于以往的科研框架，而是转向数据驱动与跨界融合的新路径。他利用农科驿站这一研究平台，创新性融合了国外的牡蛎养殖理论数据，并反复操作机械进行验证实验。经过不懈努力，他成功实现了牡蛎养殖机械化（图 8-4），极大提升了养殖效率与经济效益，帮助企业增收超过 1500 万元，增加就业岗位百余个。李博士获评"优秀乡村振兴首席专家"称号。

（三）以数字发展推进海洋科普宣传

学校发挥国家级科普教育基地、全国水产科普教育示范基地、山东省科普专家工作室的服务功能，积极探索建立"科普＋数字"融汇机制。充分利用当地的海洋文化资源，突出价值引领，构建区域性海洋科普服务门户

图 8-4　李博士实现牡蛎养殖机械化

与海洋智慧科普综合管理平台,提供信息发布、引擎搜索、智能推荐、专家咨询、互动交流、会员管理等服务,推进更多的科普资源、科技人才、产业服务下沉基层,以开放促共享。学校获评"全国科普日活动优秀组织单位"。

案例:建设科普教育基地,讲好海洋科学知识

学校建有集科普教育、实训教学、科学研究于一体的综合型现代科普基地——数字海洋生物科普馆。数字海洋生物科普馆依托数字技术,立足海洋人文视角,以趣味的教育理念设计,融合特色美育、劳动教育要求,研发海洋文化科普教育影视课程10多门,系统展示海洋生物资源分布、海洋生物标本、水产养殖技术变革、绿色健康养殖模式等一系列科学知识,打造丰富的数字化交互式和沉浸式体验场景。数字海洋生物科普馆入选"2021—2025年第一批全国科普教育基地名单"。

第二节　推动社会服务,促进区域发展和乡村振兴

一、社会服务能力提档升级

党的二十大报告强调,采取更多惠民生、暖民心举措,着力解决好人民群众急难愁盼问题,健全基本公共服务体系,提高公共服务水平。随着社

会的发展,数字技术通过精准整合数据、分析识别需求,正成为社会服务优化升级的支撑力量。学校将数字技术全面融入社会服务的全过程(图8-5),在合作助企、培训服务方面应用数字化手段精准对接、贯通融合。将合作助企作为推进社会服务的重点任务,紧紧围绕人才培养目标,充分发挥地方政府主导、行业协会纽带、企业育人主体的作用,围绕教学要素加强合作,共建产业学院,实现校企资源共享和优势互补。将培训服务作为提高人力资源素质的重要途径,聚焦"人"的需求,强化数据赋能,建设数字培训服务平台,收集、挖掘、整合各类数据资源,精准把握服务对象的动态变化,打造特色鲜明的数字化培训服务品牌。

图8-5 社会服务逻辑图

(一)校企合作助推企业发展

1. 校企共建产业学院

大力培养大国工匠、能工巧匠以及高技能人才,是当前和今后一段时期推动经济高质量发展、支撑中国制造和中国创造的战略任务。产业学院是推进人才培养与产业需求深度融合的重要手段。学校积极推动数字化转型发展,运用开放跨界思维,整合校企优质资源,构建产学研用生态体系,建设实体化运行的产业学院,依托企业生产项目,围绕产业发展的技术瓶颈,以项目驱动教学,产学并举,研创结合,助力区域产业提档升级。

案例:产业学院精准服务区域一二三产业发展

威海是重要的海产品进口和分拨基地。针对帝王蟹和加拿大龙虾等高价值水产品暂养死亡率高的问题,学校现代水产产业学院联合润泽冷链公司,对养殖设备进行数字化、智能化改造,实时提取监测水质数据,严格进行紫外智能控菌消毒,提高杂质和有害物过滤精度,促进帝王蟹、龙虾健康生长,使其成活率提高了20%。

聚焦区域房车产业发展对数字人才的迫切需求,学校建立康派斯房车产业学院,以卡奥斯工业互联网平台为载体,搭建区域房车产业的共享平台,协同开发智能房车及核心零部件产品,增强产品的智能化水平和整个供应链的核心竞争力,加快企业智能化互联工厂建设进程,通过生产流程再造,使交货周期缩短60%。

学校与威高集团共建致一堂产业学院,把企业市场网络资源与高校科技人才优势很好地结合。借助人工智能和大数据,充分发挥食品与药品专业优势,建立健康食品数据库,全面研究健康食品产业的发展动态,深入挖掘市场需求、消费者偏好及行业趋势,分析营养成分、包装设计和品牌影响力等影响健康食品市场的诸多因素,研发推出了一批具有较高市场竞争力的健康服务产品。

2. 校企合作协同育人

根据区域产业和企业实际需求,学校联合100余家重点企业牵头建设海洋运载器智能装备与系统、海洋食品药品资源开发和利用及海洋装备与智能制造等3个产教融合实践中心,持续加强人才培养、社会培训、技术服务方面的数字化功能建设,强化数据整合能力,缩短信息传递链条,探索模块化校企协同育人模式(图8-6)。校企共建专业基本能力、核心能力、综合能力、创新研发能力四级能力递进的生产性实践教学基地,建设"虚拟仿真中心+校内外全真实体"的"双场景"数字孪生实训基地,为学生营造真实的岗位场景和职业氛围。构建以数字技术为依托的多元评价系统,从思想政治素质、技术技能、工匠精神、文化传承四大维度设置评价指标32个,对人才培养赋权赋分,着力提升人才培养质量,实现不同层次社会服务需求的精准画像,助力区域企业纾困解难,实现高质量发展。

案例:校企协同培育酒店管理人才

学校深化校企合作,创新人才培养思路,发挥酒店管理与数字化运营专业的优势,同区域内的蓝海御华、圣尼斯等大型酒店企业共建10余个校外基地,打造信息化、数字化教学管理系统,时时开展数据分析,精准洞察市场需求,按照生产实际和岗位需求设计模块化课程,联合培养酒店管理人才,每年为酒店行业输送毕业生上千人,满意度达90%。

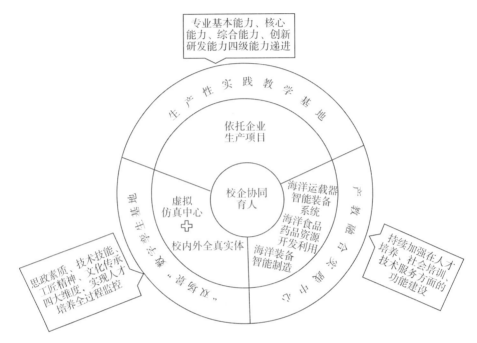

图 8-6 校企协同育人框架图

（二）数字化培训平台提升社会培训质量

1. 终身学习服务平台建设

终身学习已经逐渐成为当今社会人们的一种生活方式，它既是个人追求素养持续提升的内在要求，也是社会文明进步的重要体现。学校坚持以人为本的价值取向，全方位服务"人"的需求，统筹融合在线教学、教学质量评价、人事管理、科研管理、移动校园、数据融合等方面的数据信息，打造终身学习服务平台（图 8-7），满足区域多样化、个性化的学历与非学历教育的需求。

整合教学资源库。根据业务需求和用户访问量，强化网络基础设施建设，对计算资源、存储资源和网络资源进行统一管理与调度。构建基础数据中心，设立统一身份认证平台，完善数据交换服务功能，优化平台服务板块，实现各业务系统的数据交换，形成统一的终身教育教学资源库。

打造"一站式"服务平台。优化整合继续教育资源、职业技能人才培训资源，为专业技术人员提供前沿热点的课程知识体系，用技术手段实现资

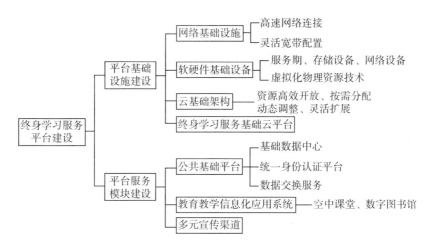

图 8-7　终身学习服务平台架构图

源的统一部署、统一管理和统一服务,构建终身学习公共服务基础云平台。

搭建职业技能提升网络培训平台。兼顾监管部门、培训机构、学员的需求,采取"管培并重的在线平台＋多工种多数量高质量的课件资源＋贴心无忧的运营服务"模式,打造"线上＋线下"全流程培训和监管平台。推动"互联网＋"政策和技术的深度应用,积极推广"网络教育"新形态、新技术、新平台的创新实践。

优化教育教学信息化应用系统。与高校、企事业单位和行业协会合作,开发新的学习资源,精细管理用户数据,提供个性化的学习服务和推荐,为各类用户提供教育教学、管理服务的统一门户入口。

案例:数字化平台提高渔业船员培训质量

聚焦海洋与渔业领域在线学习平台单调、资源分散匮乏等问题,学校搭建集专业教育、技能培训、学习交流于一体的"鲁渔学堂"在线教育平台(图 8-8),为渔船上不同岗位的人员提供优质、实用的专业课程和通用课程共百余门。通过数字化手段,平台按照一人一档,实现学习档案精准记录、学习过程全程掌握、课程教学实时在线,为学习者提供专业、高效的教育服务。

2. 多元数字技能培训供给

数字技能培训正逐渐成为行业、企业及个人储备知识、提升能力和应对时代变革的重要方式。学校深入分析市场与行业需求,融合现代数字技术和教育方法,发挥海洋特色和专业优势,以船舶工程、水产养殖、人工智

图 8-8 "鲁渔学堂"平台界面图

能为重点方向,整合国内外、校内外优质数字技能培训资源,引入实际项目案例,邀请行业专家、学者和资深从业者共同参与课程开发,建设在线学习平台和电子课程。建立数字技能实训基地,鼓励学员积极参与数字技能竞赛和实践活动,体验真实的实训环境和实践机会,提高实践能力和创新能力。

案例:强化数字技能培训,构建"三元驱动"职业培训体系

学校打造以产业企业需求为导向、以技术创新为支撑、以专业教学为基础的"三元驱动"职业培训体系(图 8-9)。通过开发职业技能、水产类农业行业社会评价组织、渔业船员、电商服务等课证融通的职业培训,打造数字技能培训平台。培训以产业领军人才为引领,以学校教师为主体,以企业能工巧匠为补充,多渠道、多途径引进讲师上千人,遴选校内外培训项目百余项,在不断实践和完善中,将专业优势铸造成品牌优势。该培训利用数字化平台,推进一站式服务,已培训农业技术人员、船员、农村电商人才等 5 万人次,完成对 2 万余名在校大学生的各类基础培训。

二、数字赋能乡村振兴

习近平总书记强调,乡村振兴是实现中华民族伟大复兴的一项重大任务,要以更有力的举措、汇聚更强大的力量,加快农业农村现代化步伐,促

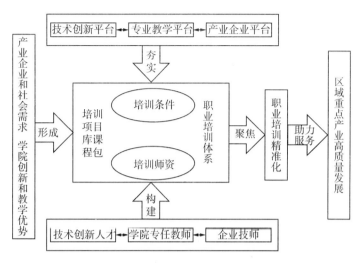

图8-9 "三元驱动"职业培训体系运行示意图

进农业高质高效。学校深入学习运用"千万工程"经验，主动融入区域经济高质量发展全局，运用数字化手段，对接乡村振兴需求，通过更新思维方法、发挥驱动作用、重构治理方式、畅通信息渠道等方式，助力乡村多元化发展，探索职业教育赋能乡村振兴之路。

（一）推动农村产业发展

2024年政府工作报告指出"积极推进数字产业化、产业数字化，促进数字技术和实体经济深度融合"。学校以服务乡村振兴为己任，围绕"五个振兴"、巩固拓展脱贫攻坚成果、建设宜居宜业和美乡村等重点选题，做好全面推进乡村振兴调查研究。通过与地方政府、企业进行合作，加强数字设施建设和布局，明确服务产业振兴计划目标。对于传统产业，引入智能化设备，加强电商平台建设，提升产品生产和销售的智能化水平；对于特色产业，优化生产流程，建立数字化管理系统，推动校企信息共享和协同合作，提高产业链竞争力；对于重点产业，发挥在技术研发、仪器设备等方面的优势，提供技术咨询、人才培养、成果转化等服务，推动特色产业绿色健康发展。

案例：电商平台改变传统销售模式

学校电子商务系发挥电商平台运营优势，用数据说话，用数据管理，用数据服务，全面助力农村经济发展。帮扶乡镇创新农产品销售模式，打造农产品电商基地,选派专业讲师团队为从业者开展直播带货培训。运营团队精选黏玉米、五彩花生、地瓜等特色农产品,从产品包装、平台推广到项目引流、售后服务等环节进行逐项设计和运行,开展线上销售,逐步形成"村—镇—学校"三位一体发展模式,帮助村民人均增收3 000元。学生创业团队帮助沿海农户月平均销售海带250吨,打造了互联网家喻户晓的知名地标爆品,提升了"威海海带"在全国的知名度。

案例:智慧管理系统助力特色产业发展

为实现西洋参种植绿色化、有机化,学校食品与药品系联合威海道地参业发展有限公司,在当地政府、行业协会共同协助下,出台扶持政策,制定一系列标准,共同谋划建设了西洋参整体智慧化项目。该项目利用西洋参数据集成系统、数字化西洋参管理系统,对温度、湿度、土壤酸碱度等因素进行实时监控,施肥量、施药量减少10%,西洋参产量提高15%,地方产业增收达6亿元以上。通过质量安全追溯平台(图8-10),全过程监管西洋参生产加工、质量检测和仓储物流等环节,将西洋参产品合格率由原来的60%提高到现在的98%以上。推动科研成果转移转化,共同研发出西洋参保健蜜丸、西洋参发酵酒、西洋参发酵饮料等系列产品,扩大品牌效应。学校将西洋参整体智慧化建设项目融入教育教学,搭建教育教学应用场景,开发了"中药种植栽培""中药炮制加工"等实训课程,推动理论实践互促共融,提升学生的实践实战能力。

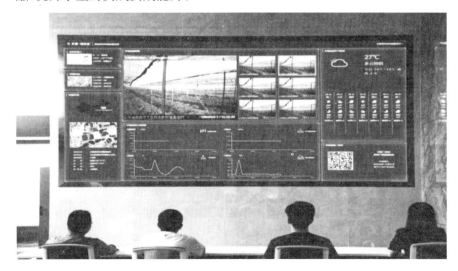

图8-10　西洋参质量安全追溯平台

案例：海洋生物健康促进中心服务区域水产养殖业发展

学校海洋生物健康促进中心是威海市政府为服务区域重点产业打造的海洋养殖生物疫病防控工程技术中心，主要开展海洋生物疫病防控、海洋环境监测、水产药物研发等工作。该中心依托完备先进的数字化智能设备，发挥水产养殖教师的专业优势，利用校内 30 多个实验实训室，科学规范构建了以威海市为中心、以威海市下辖区县为分中心的涵盖 N 个海洋生物疫病防控监测点的"1＋4＋N"海洋生物疫病防控体系。通过远程辅助诊断系统、水质在线监测系统等数字智能设备，开展养殖用水水质指标检测、病原微生物检测，平均每年为养殖企业和个体户开展渔病防控指导百余次，创造经济价值几千万元，助力区域水产养殖业健康快速发展。

（二）培育乡村数字人才

紧紧围绕乡村振兴与区域产业发展需求，充分发挥数字化转型的引擎作用，融海洋特色于专业设置，融数字思维于文化课程，积极联合科技企业开展项目合作，提升专业人才的数字技能。充分利用创新教育平台和各级各类培训基地，开展线上授课和线下讲座，积极培育、吸引各类人才投身乡村建设。聘请具有丰富实践经验的行业专家和企业导师传授从业经验，鼓励师生参与智慧农业、农产品电商平台开发等实际项目，提升农业人才的技术水平和数字素养，为乡村振兴源源不断地注入发展新活力。

案例：培育专业人才，服务乡村振兴

发挥海洋特色优势，积极创建"山东省大数据人才实训基地"，与中国软件、青岛国实等高科技企业共建"信创学院""网信人才培养基地""山东省智慧海洋大数据平台标注基地"等产业学院和孵化载体，构建海洋信创人才培训产教融合系统，开展集人才培养、教学培训、技能鉴定、实习就业、创新创业、成果转化于一体的信创人才培训服务，培养符合区域市场需求定位的海洋信创人才。

积极构建政府支持、社会扶助、行业企业协作的市场化运营服务管理机制，打造具有引领性的创新创业数字教育服务平台。依靠数据收集、分析、整理，强化"数字育人"模式，赋能学员实操能力，着力打造"高校＋区域＋数字化"创新创业联动机制。每年开展农村电商培训百余次，听课人数近万人，为区域内 50 多家传统企业代理运营电商平台，本地海产品、农副产品等年销售额均超过 3 亿元。积极发挥全国水产技术推广人员培训基地、山东省远洋船员培训基地和山东省专业技术人员乡村振兴继续教育培训基地的功能,培训内容涵盖农、林、渔业等领域,培养从事和服务乡村振兴的数字化农民上万人。

(三)赋能乡村文化振兴

文化振兴既是乡村振兴的重要内容,也是乡村振兴的根脉和灵魂。学校以红色革命文化、蓝色海洋文化和优秀传统文化为依托,强化数字化赋能,加快挖掘乡村文化优质资源,促进乡村与文旅紧密融合,提升乡村文化治理现代化水平,为文化振兴注入新动能。

打造数字化传播新产品。顺应移动化、可视化趋势,集成运用各种数字化手段,探索区域特色文化表现新形式、文化表达新路径、文化教育新模式,打造线上线下融合互动传播体系。根据区域文化的建设需求,开发数字创意、文化传承、网络视听等数字孪生平台,建成地域文化传承传播基地,为线上展览提供沉浸式讲解服务。将文字、图片、影像等元素,用丰富的拍摄、剪辑和配乐等手段,制成精美的视频作品。整合各类媒体平台优势,将优秀视听内容视频化,通过网络直播、海报推广等多种形式,实现全覆盖推送,在"云端"构筑起文化教育发展新高地。

案例:推进人智协同,助力区域特色文化传播

以数字化手段为区域文化教育服务,促进培育新型文化传播业态,打造数字化非遗专家智库,着力推进乡村非遗文化的数字化传播和推广。将威海本土非遗渔民号子技艺进行音视频辑录,传播上万人次。将威海传统手工艺"彩绘葫芦"制作成教学视频,浏览量达90多万次。为保护传承地方特色数字化文化资源,加大数字化教学实施力度,提高优质教学资源数字化效率,学校建设VR党建宣教中心,运用信息化资源推动红色文化教育,丰富红色文化课程资源。

校地协同服务农村生态文化建设。利用数字技术、智慧平台和智能管理系统等要素,参与农村生态文化建设,统筹多种乡村文化、景观资源,推动校内外数字教育实践基地开放共享,促进乡村文化资源开发建设。

案例:数据建模助力美丽乡村建设

学校利用大数据平台标注市域红色印记30多处,助力抢救本地抗日战争时期的红色革命旧址。与区域周边海洋牧场、纪念馆等多家单位联合建设海洋传统文化数字实践基地。按照"一村一品、一村一韵、一村一景"

发展思路,利用大数据平台建模,协助将东楮岛村、那香海等海边村落打造成具有海洋传统文化、绿色生态文明的美丽乡村,培植烟墩角、牧云庵等精品示范村10多个。东楮岛村被评为"中国十大最美乡村",烟墩角村荣获联合国2024年度"最佳旅游乡村"称号。

第三节　加快职教出海步伐,促进国际合作交流

习近平总书记强调,要深入推动教育对外开放,统筹"引进来"和"走出去",不断提升我国教育的国际影响力、竞争力和话语权。随着全球经济的转型与升级,自动化、智能化技术的广泛应用加速了经济的深度融合与信息技术的飞速发展,为职教出海提供了广阔的市场空间,同时也带来了前所未有的机遇与挑战。学校立足国际交流实际,按照数字服务职教出海路径(图8-11),不断增强数字技术服务职教出海的能力。利用技术的迭代升级,将线下课堂教学与线上虚拟教学相结合,拓展实训课程并革新教学方法,实现语言与职业教育课程内容的互助、互补、互通和创新,突破时空限制,拓宽职业教育的受众范围。加强VR、AI等技术的应用,模拟真实的工作环境,降低实训难度和成本,方便外国员工快速掌握设备操作技巧,更好地服务企业"走出去"。

数字通信技术	在线课程	VR技术	AI大模型
打破空间限制	突破时间差距	降低实训难度和成本	弥合语言和文化鸿沟
• 在线平台实时互动 • 远程教学成为可能	• 微课、慕课特点 • 提供便捷学习途径	• 模拟真实环境 • 提供沉浸式学习体验	• 跨越语言障碍 • 提供个性化教学内容

图8-11　数字服务职教出海路径

一、破除数据壁垒,促进资源整合

通过对数据的深入挖掘、分析和有效运用,破除数据壁垒和信息不对称带来的盲点、难点、堵点,实现数据互融互通,为职教出海行稳致远筑牢数字根基。打破部门壁垒,推动校内信息数据跨部门流动,促进流程化与标准化管理,实现对学校数据资源的全生命周期管理、共享与应用,为产教深度融合打下信息基础。打破产教壁垒,从人才需求侧出发,以数字技术加速供需信息实时对接,校企共同设计人才培养方案、学科知识体系、课程标准及毕业生能力要求。打破学科壁垒,以数字技术为驱动,推动学科交叉融合,构建适应时代需求的数字化教学组织架构,不断提升职教体系的核心竞争力,探索出符合国际趋势的新培养模式,为"职教出海"铺设坚实基石。

案例:数字系统为国际学生提供"一站式服务"

在全球化背景下,越来越多的国际学生选择到中国留学。为应对多元文化的碰撞和挑战,学校采用数字化手段优化国际学生管理流程,为国际学生提供一站式服务。系统广泛采集教育管理质量评估数据,形成国际学生数据库和留华毕业生档案,帮助管理者了解国际学生的整体情况,为教育管理和决策提供数据支持。此外,通过数据分析,及时了解国际学生的需求和问题,提供更加便捷和高效的服务,促进中外学生交流融合,为培养具有国际视野和跨文化交际能力的人才奠定坚实基础。

二、推动数字化教学改革,增强国际交流深度

借助 VR、远程数字通信等先进技术,邀请企业导师深度参与实践教学。利用虚拟仿真实验等手段,增强国内外学生的实际应用情景意识,提升职业教育的实用性和有效性。同时,在教学手段、教学技巧、课程设计等方面实施全面改革,建立线上线下结合的教学与考核体系,利用数字孪生等模式,重构知识资源体系。引入 AI 语言大模型进行实时翻译,解读不同文化背景下的语言习惯和表达方式,提供科学的学习计划和丰富的学习资源,有效帮助国内外学生迅速提高外语水平,更快地融入当地文化,促进国际友谊与合作。

案例:人工智能助力多语种教学

为提高翻译准确度,提升学习效果,学校主动对接头部企业科大讯飞,

在外语授课现场利用专业拾音设备及声卡抓取语音,实时转写、翻译并获取翻译结果,实现了英语、俄语、韩语等与中文同步显示。教师利用翻译文本回顾教学内容,对训练数据进行私有化标注,提升专业课程翻译准确度,加速了 AI 语料库迭代。学生可实时查看多语种翻译字幕,极大降低了跨语种学习难度。同时,采用 AI 能力私有化本地化部署方式,开展各种内外部会议或培训,享受基于语音识别、机器翻译等成熟技术的红利,提高数据的私密性和安全性,为助力数字化转型和智能化升级提供安全保障。

三、建设共享平台,拓宽国际服务广度

整合全球数字资源,加强教育领域专家、实践者和技术研发人员之间的国际合作,提升数字技术产品和信息系统与职业教育的契合度。加强协同和整合策略,构建包括技术产品、设备、信息系统等"硬"供给以及知识方法、学习资源、数字信息等"软"供给的一体化资源供给体系。统筹"新技术+教育"的深度融合,汇聚全球优质网络资源,以"智慧教学"为驱动,创新人才培养模式,探索全新的教学业态,推动海外技术人才培养与训练,为职教出海注入强劲动力。

案例:数字服务企业"走出去"

成山集团是本地制造业龙头企业,在泰国新建"工业 4.0 标准"的智能制造轮胎厂房与海外生产基地,需要大量的专业技术人才。为更好地服务企业"走出去",学校利用先进的数字设备及丰富的教育资源,联合成山集团共建成山国际学院,校企同向发力,对标职教出海要求,推动教师理念国际化、教法通用化、知识通俗化、技能实用化。利用移动互联平台将成山集团的企业文化、技术、管理等融入教学培训,搭建数字沟通平台,开展虚拟实训教学,探索可持续发展的新型校企合作模式。学校利用 VR 技术将实习实训课程转接到成山泰国工厂,搭建企业真实生产过程的虚拟场景,实现"零距离"上岗体验,构建"工厂化"学习体系。同时,聘请泰国宣素那他皇家大学的语言学教授为在泰国工作的中国员工提供现场外语教学,形成"校—企—校"双语环境的"线上—线下"结合的数字化师资立方体。目前,学校已成功为成山集团培养了近百名国际中文教师,输送了上千名专业技术人才,有效提升了泰国员工的汉语水平和中国雇员的泰语能力,满足了企业对国际交流与合作业务的发展需求。

第九章　技术架梁:夯实数字基座建设

数字基座赋能学校核心场景应用,提供各类数据支撑和应用对接服务,是数字化转型的基础。如何构建和升级数字化基础支撑环境,支持学校的高质量发展,成为一个绕不开的重要课题。

第一节　数字基础支撑环境的演化升级

随着数字化转型工作的推进,新需求、新技术、新基建对校园网络的承载力、稳定性、易用性、极简运维等提出更高的要求。为更好地推进学校数字化转型工作,学校全面升级改造新一代校园网络和数字化基础支撑环境。

一、新基建背景下校园基础网络的升级

新时代的发展对校园网络性能提出更高的要求。随着学校规模的扩大和教学活动的数字化,网络资源需求激增。既有网络架构已无法满足日益增长的在线教学、虚拟仿真实训和应用服务需求,导致用户体验下降。原有主干网上新增大量异构子系统,架构之间相互并行,缺乏统一的管理系统,多张网络的业务部署和升级也难以联动,这无疑加大了校园网管理难度。

(一)基于传统以太网技术的校园网络的迭代升级

基于传统以太网技术的学校校园网络,构建三层架构,包括核心交换机、楼宇汇聚交换机和接入交换机。随着带宽需求的增长,学校对网络进行优化,简化为两层架构,直接连接核心交换机和接入交换机,实现万兆主

干和千兆桌面接入,显著提升了网络性能和用户体验。此外,无线网络采用 Wi-Fi 6 技术,通过二级架构实现网络间的无缝切换,进一步优化了用户的无线网络体验。

（二）新技术助推建设新一代全光校园网络

为满足数字化转型要求,学校采用新一代全光网技术,升级数字校园网络。目标：

（1）楼宇间 20 Gbps、教室和实训室 2.5 Gbps、桌面终端 1 Gbps 的高速连接；

（2）有线网、无线网、物联网、监控网和 5G 网络的无缝融合；

（3）集中化网络管理,简化运维流程,实现光网络单元（Optical Network Unit,ONU）即插即用；

（4）构建绿色节能、多网合一的校园网络；

（5）建立智能化、立体化的安全防控体系；

（6）营造创新、共享、安全的数字化教学环境；

（7）支持学校数字化转型,提供便捷、绿色、安全的网络服务；

（8）为其他院校的网络升级提供参考。

二、信创背景下数据中心机房的迭代升级

作为智慧校园的神经中枢,数据中心机房的升级变得尤为关键。面对不断扩大的办学规模和日益增长的教学、科研、管理需求,学校迫切需要建设一个自主可控、安全稳定、低碳节能且易于运维的新型数据中心机房（智算中心）,并与现有机房形成异地热备,以强化数字化基础支撑能力。

（一）数据中心机房技术方案设计

根据学校的长期规划和区域服务需求,综合考量数据中心机房建设的关键要素——结构、系统、服务和管理,遵循投资合理、高效便利、安全可靠、自主可控的原则,制定了《学校新数据中心机房建设方案》。

新机房依据 B 类标准建设,供电系统按 A 类标准设计,采用间接蒸发冷机组实现高效冷却,目标年均用电效率低于 1.4。机房划分为中压配电室、不间断电源配电室、电信接入间、运维监控室和消防钢瓶间等,规划有 4 组机房模块和 168 个标准机柜,支持分期、模块化实施。配电方面,采用双

母线+双回路供电模式,并配备 1 600 千瓦的柴油发电机,以集装箱式设计置于室外,确保通风散热和噪声控制。同时,根据机房规模,部署有管网气灭系统和动环监控系统,实现对动力和环境的全面监控,包括中压配电、低压配电、不间断电源、柴发、电池组、空调以及烟感、温度、湿度等,支持多种报警方式,确保运维人员能够及时响应。

(二)数据中心机房数据资源支撑环境技术架构设计

新数据中心机房摒弃传统的"服务器+存储"虚拟化架构,转而采用国产超融合云计算模式,实现数据资源和计算支撑的现代化。这种架构整合虚拟计算资源、存储设备和网络,通过软件定义和集成管理,使得单个单元设备集成计算、网络、存储和虚拟化技术。多个单元设备能够通过网络聚合,实现横向扩展,构成一个统一的高性能资源池。这一转变带来数据处理速度提升、性能优化和成本降低三大优势,完美契合数字化转型的需求。同时,随着人工智能在教育领域的应用日益广泛,新机房也规划了自主产权的算力服务器集群,以适应日益增长的 AI 算力需求,并根据实际需要逐步扩充。

第二节　数字校园建设与升级

2020 年教育部发布的《职业院校数字校园规范》指出:"数字校园的建设与应用要根据学校发展战略和事业发展规划,将信息化上升为学校发展战略,并与其他战略融合,坚持按照统筹规划、顶层设计、安全优先、注重集成、协同推进、应用为上、关注体验、运维管理、持续改进等原则和步骤进行,是一个持续优化和改进的过程。"

一、"智慧海院"基础平台建设现状

(一)夯实数字底座,构筑服务驱动的智慧校园基础平台

学校以立德树人为核心,依据《校园建设发展规划》,遵循统筹规划的原则,明确智慧校园基础平台建设框架(图 9-1),分阶段推进"智慧海院"建设。以需求和问题为导向,以人为本,不断优化系统功能和用户体验,实现

7 大基础平台的建设,包括统一信息门户、统一身份认证、统一数据中心等,以及覆盖全校业务的一体化平台,如教务管理、虚拟仿真实训等。这些平台不仅实现了业务线上化、数据汇聚共享,还通过数据模型分析为学校决策提供了支持,展现了信息化与数字化融合推动高质量发展的成效。

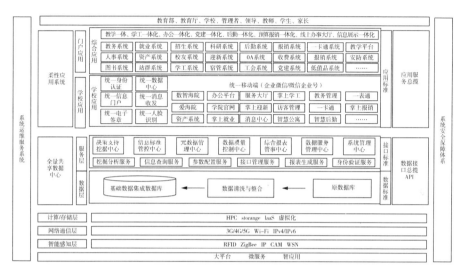

图 9-1　数字校园基础平台建设框架图

(二)构筑数智平台,打造数字驱动的数智校园应用场景

学校致力于构建以"数据集成、数据治理和数据赋能"为核心的数字化校园,遵循顶层设计和应用为先的原则,打造一个敏捷、开放、共享、健壮、可信的数据基座,建立一个全方位互通互联的智慧校园服务支撑体系,并以实际需求为驱动,不断扩展线上业务,整合业务流程,建立一站式网上办事大厅。同时,积极探索 AI 大模型和数字人系统在智慧校园中的应用,创新数字化场景,如大数据健康管理系统、绿色低碳健康校园管理平台、AI 录播教室等。此外,还建立大数据决策支撑平台,以数据开发、服务、管理、展示、预警和运维为主线,满足管理、决策、预警和生源分析的需求,推动教学质量监测和评价的数字化转型。通过移动应用平台,为师生提供随时随地的数据分析和预警功能,支持教学、学习和学校管理。

二、信创背景下数据基础底座的演化升级

数据是高校连接教学、管理、服务等各个环节的关键纽带,是提升学校整体竞争力和影响力的重要支撑。然而,随着数据量的爆炸式增长和数据类型的日益复杂,传统的数据处理方式已经无法满足学校的发展需求。特别是在信创背景下,构建一个高效、稳定、安全的数据基础底座,为学校数字化转型提供强有力的数字支撑环境,面临着更高的要求和更大的挑战。

(一)信创背景下数据基础底座建设目标

高校想提升竞争力和影响力,数据是支柱。但面对数据量的激增和类型的复杂化,传统处理方式已不适用。在信创背景下,构建一个高效、稳定、安全的数据基础底座对学校数字化转型至关重要。

数据基础底座建设目标:

(1)整合与共享数据:整合共享数据资源,提高数据一致性和准确性,促进信息流通和决策支持,提升教学质量和运营效率,打破数据壁垒,实现业务数据的统一管理和跨部门协同。

(2)建立数据标准管理体系:建立完整的数据标准体系,包括命名规范、格式要求和质量指标,定期进行质量评估,确保数据的准确性和完整性,为数据分析和应用打下坚实基础。

(3)支持数据分析决策:利用数据挖掘、统计分析等手段,发现问题和机会,减少主观判断,提升决策的科学性,推动学校向数据驱动决策转型。

(4)创新与优化业务:基于数据洞察,识别业务流程瓶颈,优化流程,提升工作效率,推动管理和服务创新。

(二)信创背景下数据基础底座框架设计

数字基础设施是数据要素化的载体,如何有效利用数据并挖掘其潜在价值,成为数字化转型的关键。学校基于"采存管用"的建设思路,搭建数据基础底座技术框架(图9-2),通过数据采集加工、存储整合、数据管理和服务应用,建立集数据汇聚、算法模型、数据管理、分析应用能力于一体的快速复用的数据生态环境。

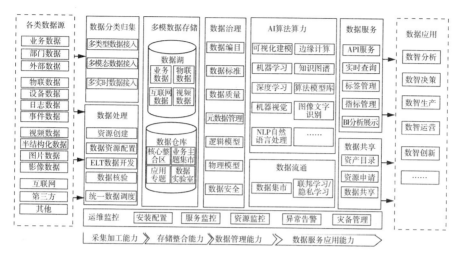

图 9-2 数据基础底座技术框架图

学校的数据基础底座建设分为"采、存、管、用"四个步骤,旨在实现数据资源应汇尽汇、应用共建共享。

采:数据基座具备多样化的数据采集工具,支持多模态、多类型、多时效性的数据采集、监控,可基于图形化步骤的快速抽取和加载提高采集效率。

存:数据基座支持多种数据存储方式,覆盖关系数据库查询分析、文本日志检索、图片视频存储、全场景的一体化数据存储,并为存储数据的访问提供共性化的元数据管理、存储和计算服务,支持数据湖、数据仓、数据集分层分库分数据模态的快速构建,提高数据加工存储效率。

管:基于学校统一的数据标准和全量数据,对数据资产进行集中管控,涵盖元数据、数据标准、数据质量、数据安全、数据模型、数据编目、特有数据等方面的数据治理活动,实现贯穿数据资产要素的全生命周期的过程管理。

用:结合学校业务需要对全量、海量数据进行加工和分析,形成面向业务的逻辑数据分析模型,通过大数据创新应用平台统一展示,为学校决策和绩效分析提供支持。

三、分步推进数据治理形成有效数据资产

目前,学校正在从"数字校园"逐步向"智慧校园"转换,"数据融合,流

程再造,数据治理"已经成为学校从上到下达成的共识。学校的数据基础底座汇聚教育教学和工作过程中产生的海量数据,这些数据具有量大、复杂、多源等典型的大数据特点。不经过数据治理的"脏"数据做出的分析模型,影响学校决策的科学性,同时大数据治理也对处理速度有更高的要求,因此,数据治理是各大高校数字化建设的核心工作,也是必须啃的"硬骨头"。学校的数据治理工作是伴随着信息化建设持续进行的,虽然取得了一定效果,但仍然存在诸多问题。

(一)构建数据治理框架,形成数据治理文化

数据治理是一个涉及组织、流程、人员、技术等多方面复杂体系的全局性工作,需要按照统筹规划、顶层设计的原则,构建整体性、体系化、常态化的数据治理工作机制。学校成立了党委领导下的数字化转型发展治理委员会,建立了跨部门协作的数据治理工作组,统筹推进数据治理工作。

(二)搭建适用性强的数据治理平台

数据治理的目标是提高数据质量、保证数据安全,使数据发挥最大效益。同时,数据治理不是一蹴而就的,而是一个持续循环渐进的过程。数据治理最有效的方法是构建成熟常态化的数据治理流程环,实现大数据全生命周期闭环管理。

1. 学校数据治理平台的功能

数据治理平台主要包括数据标准管理、数据质量管理、主数据存储管理、元数据管理、数据安全管理、数据访问与共享等功能模块。

(1)数据标准管理模块

数据标准是确保数据一致性、准确性和可靠性的关键,它们为数据的收集、处理、存储和交换提供了统一的框架和规则。学校已经建立一套统一的数据标准体系,并根据学校的发展需求不断进行优化。

在教学方面,数据标准是提升教学质量的重要工具。实施统一的教学数据标准,可以确保教学过程中的关键环节包括课程安排、学生选课、成绩记录等都能基于准确和一致的数据进行。这可以为教学资源的共享和优化配置提供坚实的基础,促进个性化教学设计和精准教学评估的实施,从而推动教学质量的整体提升。

在管理方面,数据标准是实现高校管理现代化的重要保障。制定和执

行统一的数据标准,有利于实现人事、财务、资产、学生、后勤以及一卡通管理等方面数据的规范化和标准化,提高数据处理的自动化和智能化水平,减少人为错误和重复劳动,提升管理效率和水平。同时,也帮助学校管理层更准确地掌握学校的运行状况,为科学决策提供有力支持。

在服务方面,数据标准对于提升师生的服务满意度和体验至关重要。执行统一的数据标准,有利于确保各类服务系统之间的数据互通和互认。统一的身份认证和数据共享机制使师生能够更轻松地访问各类资源和服务,避免重复注册和登录的烦琐过程。这有助于学校管理部门及时了解师生的需求和反馈,从而为师生提供更便捷、高效的服务体验。

(2) 数据质量管理模块

数据质量管理模块的功能是建立数据质量监控机制,定期对数据进行质量检查和评估。数据基础平台通过建立统一的数据质量管理框架,落实"管"的第一步,包括数据标准、数据清洗、数据校验等,来提升数据质量。这一框架能够确保数据从定义、录入、获取、计算到使用的全生命周期、全过程的质量控制,通过数据治理平台实施数据监控和预警机制,及时发现和处理数据质量问题。通过建立数据质量管理的闭环,包括问题的分析、解决、跟踪和持续优化,针对发现的数据质量问题,制定相应的改进措施,形成数据质量持续提升的机制。通过闭环的事前定义规则、事中稽核数据、事后分析质量三步完成数据质量管理(图9-3)。

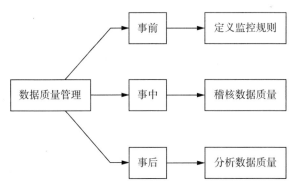

图9-3 数据质量管理示意图

(3) 主数据存储管理架构

学校的主数据管理架构分为数据贴源层(Operational Data Store,ODS)、数据仓库层(Data Warehouse,DW)和数据应用层(Application Data

Service，ADS）三个层次，可以实现数据的高效管理和应用（图9-4）。ODS层负责存储来自各业务系统的原始数据。DW层进一步细分为数据明细层（Data Warehouse Detail，DWD）、维表层（Dimension，DIM）、数据中间层（Data Warehouse Middle，DWM）和数据服务层（Data Warehouse Service，DWS），分别负责数据清洗、维度建模、轻度汇总和统计指标构建。ADS层则基于DW层的数据，按主题汇总，为统计报表和应用提供个性化服务。此外，主题域和指标域的构建分别面向业务流程和分析，旨在将业务活动事件和维度抽象集合化，以《教育管理信息 高等学校管理信息》的数据集分类为参考，结合学校实际情况，为学校概况、教职工管理、学生管理等关键领域提供数据支持，从而推动学校数字化转型的深入发展。这种精细化的数据管理不仅能提高数据处理效率，还能为决策提供强有力的数据支撑，确保数据驱动的创新和优化。

图9-4 主数据存储管理架构

（4）元数据类型管理架构

元数据是描述数据的数据，被誉为"数据的百科全书"。学校将元数据管理作为数据治理的重要基础工作之一，通过元数据管理平台记录数据的来源、结构、质量、访问权限等关键属性信息，帮助大家准确理解数据的含义，有助于数据的整合、存储、访问和管理（图9-5）。简化数据的查找、访问和处理过程，确保不同业务单元对数据有统一的理解，从而保证跨部门协同开展数据治理工作的一致性。

实践篇

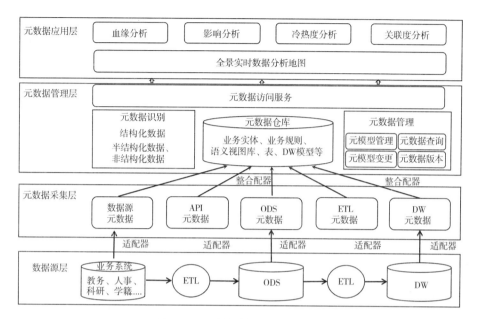

图 9-5　元数据管理应用架构图

学校元数据主要分成三种类型：业务元数据、技术元数据、管理元数据（图 9-6）。其中，对非结构化数据进行元数据管理的办法是提取数据的描述性信息（如文件名、大小、创建时间、作者等）并存储在元数据仓库中。通过元数据，可以快速检索和定位所需的非结构化数据，提高数据使用的便捷性。

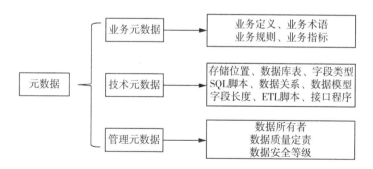

图 9-6　元数据管理类型图

（5）数据安全管理模型

数据安全管理将在本章第三节中详细介绍。

(6) 数据访问与共享管理

学校实施严格的数据访问权限管理,确保数据安全与合理共享。首先,通过多因素认证技术建立用户身份认证体系,确保只有授权人员才能访问数据资源。其次,根据数据敏感性制定详细的分类和权限标准,遵循"最小权限原则"进行权限分配,例如将学生的个人信息和成绩设为高安全等级,限制访问;而科研数据和教学资源则为低安全等级,允许更广泛的访问。最后,注重强化数据访问监控和审计,并定期进行安全教育,提升用户的数据保护意识,确保合规使用数据。

2. 数据治理体系建设的成效

学校的数据治理体系已取得显著成效,通过数据治理平台的持续运作,形成闭环治理体系,显著提升数据质量。例如,在人事业务中,通过一表通系统与考核专题库的对接,简化教职工的报表填报流程,自动生成申报表,避免数据的重复审核,确保数据的准确性和可靠性。此外,数据治理还促进了数据的全面流转和质量提升。

在数据创新应用方面,学校通过数据分析门户整合分散数据,提供个性化、图形化的数据服务,支持领导决策。在教学管理中,通过收集学生成绩、课堂参与度等数据,构建学情分析模型,帮助教师调整教学方法,提升学生学习效果。教学质量评估通过多种评价方式收集数据,评估并反馈教师教学表现,促进教学改进。

学生画像整合学生的多维度数据,为学校和教师提供精准的学生管理和服务。预警与干预系统通过设定学业成绩等预警指标,及时采取干预措施,帮助学生解决问题。流程优化系统通过数据分析识别管理瓶颈,提高行政效率。科研支持系统利用数据中台资源,助力科研人员发现新方向,推动科研成果产出。学生拓展系统通过数据可视化展示学生参与第二课堂活动的情况,分析活动效果,为活动优化提供支持。健康大屏系统利用数据可视化描述全校师生的身体质量指数信息,为制定健康政策提供数据支持,促进师生健康。

第三节 网络安全和数据安全体系的迭代升级

随着信息技术的快速发展,智慧校园建设已成为高校信息化过程的必答题。学校网络安全建设的目标是深化网络安全内涵,利用现有的零信任端点数据和全流量网络数据,以及安全监测和防护能力,构建一个主动性强、自我提升、知识沉淀的信息安全体系。这一体系将推动智慧校园网络安全的整体建设,确保信息化系统的安全稳固。

一、以问题为导向建设动态网络安全保障体系

学校充分发挥现在校内已具备零信任端点数据、全流量网络数据的大数据优势,以及现有安全监测防护能力的功能优势,探索构建动态化主动式网络安全运营管理系统,围绕信息资产和基础设施构建安全运营管理、安全运营运行、安全运行技术三个核心模块,逐步形成统一的安全运营体系,持续提升风险识别、安全防护、安全检测、安全响应、安全恢复五大安全能力,打造主动性强、有自我提升能力、具备知识沉淀能力的信息安全体系(图 9-7)。

学校针对安全运营管理对例行操作的内容进行梳理,提出规范的操作行为和操作流程,主要包括以下 18 个方面:资产管理、风险管理、漏洞管理、设备管理、配置管理、策略管理、基线管理、变更管理、事件管理、响应支持、重保值守、应急响应、监管评估、优化改善、团队建设、人才培养、安全培训、运营考核。

二、以数据分级为基础建设数据安全保障体系

随着数字化转型工作的持续推进,数据规模不断扩大,数据价值也日益凸显。然而,海量数据的汇集在带来巨大价值的同时,也面临着日益严峻的安全挑战。如频频发生的教育行业敏感数据泄露事件,其背后折射出的是高校在数据安全方面面临的诸多问题。网络安全已实现从"以技术为中心"向"以数据为中心"的转变。如何有效保护和最大化利用数据,成为数据安全关注的新焦点。学校发生敏感数据泄露事件,不仅影响学生、家长、教师、学校等主体,还可能外溢到其他领域,衍生网络欺诈、电信诈骗

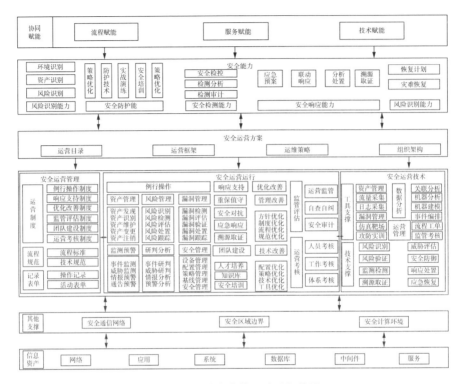

图 9-7 网络安全体系建设架构图

等,波及更多人群和领域。

(一)"三大难"阻碍学校数据安全保障建设

在实践中发现,学校数据安全建设普遍面临三大挑战:一是管理体系不明确,缺乏具体操作指南和制度保障,导致数据安全措施难以有效实施;二是防控技术手段不足,面对复杂的数据资产,缺少有针对性的安全防护手段,难以防范数据安全攻击;三是人员数据安全意识淡薄,内部人员及外部供应商对数据安全缺乏足够的重视,增加数据外泄的风险。为应对这些问题,迫切需要建立完善的制度体系,提升防护技术,强化安全意识教育,构建数据资产的全方位安全保障体系。

(二)"三层面"打造学校数据安全保障体系

第一层是组织与管理制度。学校成立专门的数据安全组织机构,健全数据安全管理制度体系，切实落实各部门数据安全管理责任制，明确数据安全治理政策的落实和监督由谁来长期负责，确保数据安全相关工作能够长期持续地得以执行。同时，通过制定各项安全管理和技术制度、办法和准则，规范各部门、各岗位人员的数据安全管理工作，为数据安全提供有力的基础保障。第二层是数据资产分类分级。学校实现敏感数据差异化保护和管控，掌握内部敏感数据的分布情况，结合数据分类分级工作，明确哪些数据为敏感数据、哪些数据为非敏感数据，并结合数据安全技术措施实施差异化数据安全管控。第三层是差异化数据管控能力。学校完成组织与管理制度制定、数据分类分级等数据安全基础工作后，根据对敏感数据保护的要求，进一步制定具体的针对敏感数据的保护措施，实现对不同类别和级别数据的采集和管控（图9-8）。

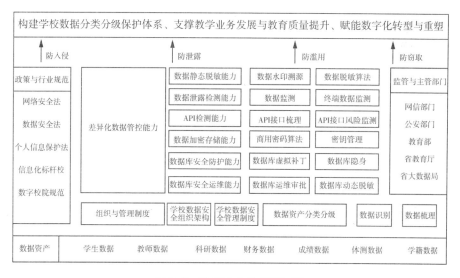

图9-8　数据安全体系框架图

三、网络安全和数据安全建设成效

安全组织架构成熟。学校成立信息化和网络安全管理领导小组，将网络安全和数据安全建设作为学校发展的底线、红线来抓，严格落实等级保护制度，定期认真开展网络安全演练，提升演练的广度和难度。学校每季度开展网络安全和数据安全专题会议，确保工作落实到实处，不走形式。自2022以来，学校连续两年获得"山东省教育系统网络安全党委责任制考核先进单位",并在全省教育系统网络安全攻防演练活动中多次获奖。2024年9月的网络安全日,学校网络安全攻防演练团队与山东大学网络安全攻防演练团队面向全省教育系统近300名网络安全管理人员进行网络安全攻防沙盘推演,取得较好的效果。

主动防护体系构建。学校积极主动与中国电子、移动通信运营商、科大讯飞、安全厂商等合作开展人工智能安全专用大模型的应用研究,推动数据分类分级,形成数据资产目录。围绕数据、团队、工具落地安全运营管理,在实战中积累大量安全训练数据集和安全场景回溯数据,逐步实现以数据为基础、以人为核心、从监测预警数据中来到响应处置数据中去的目标,引入专家比对人工智能技术校验的准确度,逐步构成以数据驱动和以知识传递为核心的智能化安全运营管理体系(图9-9)。

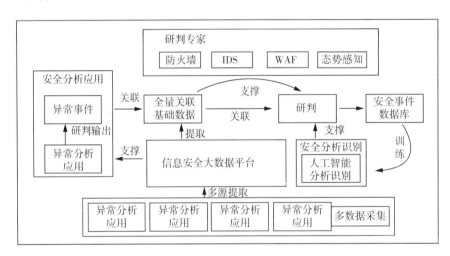

图9-9　信息安全AI模型图

第四节　人工智能技术在数字化转型中的应用与探索

随着人工智能技术的快速发展,大模型在教育教学、学校管理和科研创新中的应用潜力日益凸显。结合人工智能技术深入打造数字化、智能化的教育体系,可以满足学习者个性化、差异化、个别化的学习需求,更好地响应社会经济发展的需要,促进个体的价值塑造、能力培养和知识发展。为此,学校积极探索利用人工智能技术赋能管理服务和教育教学,搭建人工智能专用模型的应用支撑环境。

一、构建人工智能专用模型,赋能智慧校园管理服务

数字校园智能化是学校智慧校园建设的普遍刚需。探索把人工智能技术融入学校数字化转型与重塑,可以助力构建校园智慧大脑＋智能助手,打造教师助手、学生学伴、智能应用等,实现服务场景智能化。学校依托大模型知识理解能力、虚拟数字人技术、资源管理系统的底层知识构建技术,以智能对话、智能搜索为主要交互方式,通过一系列的知识库、插件,满足业务部门、在校师生、校外人员、第三方等多类用户在教学、学习、科研、管理等多种场景下通过网页端、移动端、微信端等多种终端随时随地使用智能化服务的诉求。因此,基于人工智能技术的智慧校园管理服务模块应具备以下功能。

第一,具备全校对话功能平台。具备多渠道多场景智能查询功能,对接微信公众号、微信小程序、企业微信、APP、网站、H5 等渠道。

第二,具备智能知识库管理系统。集成语音识别系统为对话系统提供语义理解能力及知识和对话流程管理能力。智能知识库不仅为对话系统提供能力,还为后续其他的智能应用提供支撑。通过对接智慧校园业务系统,可以满足用户各渠道的数据查询或问题咨询需求,使用户随时随地查询信息或办理业务。集成虚拟形象,实现用户和虚拟形象的对话,提供包括但不限于行政办公服务、学术活动组织策划、生活服务查询、健康与医疗咨询、人事信息查询、培训资源推荐、设备借用与管理、技术问题解答、校园安全与危机管理、社交与沟通服务、招生与学生管理、综合服务等服务,极大增强用户的体验感和愉悦感。

二、构建人工智能专用模型,促进精准化教与个性化学

依托人工智能、大数据、大模型等前沿信息技术,融合学校智慧校园基础支撑能力和海量数据,构建认知大模型,打造校园"智慧大脑"。支撑学校在教学资源、教学模式和教学管理等领域的重构,帮助教师对教学互动设计和教学资源处理得越来越精准,对教学模式应用得更加灵活,提升教师对教学过程及教学质量的把控。精准采集学生的个人数据,实时记录学

生学习、活动、生活等过程的数据,生成学生能力图谱和知识图谱,促进学生个性化成长。在学校常态化教学运行过程中,实现教学应用、教学数据和教学资源的融合汇聚、AI处理与共享,实现教学空间改善、教学管理优化、培养方案改进、教学评价改革、学生就业提升的建设目标,适应不同教师的授课风格、不同学生的层次水平、多类型的教学环境等,构建千人千面千场景的智慧教育模式。人工智能专用模型将实现精准化教与个性化学,提供包括但不限于AI+资源推荐、AI+教学辅助、AI+课程建设、AI+教学评价、AI+备课助手、AI+科研助手、AI+教管助手、AI+教学行为分析、AI+学生行为分析、AI+考试与评估、AI+实习与就业指导等AI应用场景,极大提升师生教与学的幸福感和成就感,促进教育教学质量的全面提升。

三、搭建人工智能专用模型支撑环境,推动人工智能应用

学校利用开源大模型(例如 DeepSeek、LLaMA、GPT-J 等)搭建一个或多个高效、安全且可扩展的本地化人工智能环境,搭建本地知识库,支持创建私有知识库的专属智能体,在享受大模型带来的便利的同时,也确保了数据的安全性和隐私性,为学校管理服务和教育教学等多样化的 AI 应用场景提供了专用人工智能大模型支撑环境。

基于开源人工智能大模型打造学校专用大模型的技术支撑环境,为学校提供了从数据管理、模型训练到部署应用的全流程支持。通过高性能计算平台、自动化训练工具和高效推理引擎,快速构建和部署多样化大模型应用场景,不仅为学校的数字化转型和智能化应用提供了坚实基础,也为未来的教育创新开辟了广阔空间。

畅想篇

第十章　着眼未来，一起展望

站在当下，畅想未来教育，那是一片未知的星辰大海。教育已经发生了翻天覆地的变化，未来更是充满无尽的挑战与惊喜。但是，在数字化思维的浪潮下，任何看似艰难的障碍，都不过是通往未来教育乌托邦必经之路上的趣味探险。

一、数字编织的虚拟校园

未来的学校不再是我们熟悉的样子，未来的教室也不再是四面墙壁加一块黑板构成的单调空间，传统的教室和学校会被数字世界取代，那是由全息投影、AI助教、情绪感应环境系统共同构建的知识世界。未来的教育将冲破传统教育在时间、空间和资源上的种种限制，突破校园边界，纵向衔接家庭教育、学校教育和社会教育，横向贯通图书馆、博物馆等物理空间。我们将站在知识宇宙的中心，历史的每个瞬间都能以虚拟现实的形式展现在我们眼前，我们将能够即时接入浩瀚的知识海洋，与伟人进行一场跨越时空的对话，在虚拟学习空间探索宇宙的浩瀚奥秘。

庄子云："吾生也有涯，而知也无涯。"知识是无限的，学习是持续的，数字化使终身教育成为最新鲜、最互动、最即时的创新型教育形态，虚拟校园为全民终身教育搭建了理想的平台和便捷的途径，以实现优质教育资源的无界共享。任何人都可以随时随地根据自身的兴趣和需求学习，享受无处不在的终身教育服务，知识元宇宙提供了任何人都能接受所需终身教育的受教育权利。

二、高度个性的学习旅程

未来的学生都是知识的探索者和创造者，他们拥有独一无二的学习路径和课程内容，能够按照自己的节奏和方式探索知识的海洋。数字建模和虚拟仿真技术通过对学生学习风格、兴趣爱好、知识掌握程度以及学习进度的实时监测和深度分析,精准地推送最适合个体需求的学习资源和活动建议,形成以学生为中心的高度定制化的个性学习旅程。

人工智能技术与脑机接口技术将更加智能化地辅助教育教学。企业提出需求,学校定制培养,自适应学习系统根据学生的实时学习表现和反馈,动态调整教学内容和难度,精准地进行学情分析和个性化教学辅导,适时适度地模拟复杂的人类思维和情感,为学生提供更加贴心和人性化的学习陪伴。学生在这场旅程中,一边享受着学习的乐趣,一边向着自己梦想的职业巅峰进发。

数字画像大行其道。通过大数据分析和系统评估,数字画像不仅能够精准地呈现学生的兴趣爱好和学习习惯,还能够准确分析学生的大脑活动,预测学生的学习需求。教师通过数字画像精准地掌握每个学生的学习进度和困难点,为学生量身定制学习方案,提供个性化的学习资源和指导,实现差异化教学。而区块链技术则可以确保学生的学习成果得到公正的认证,实现对学生学习过程和学习成果的全面、准确评估,为他们的未来发展打下坚实的基础。

三、教师角色的华丽转身

智能 AI 将取代教师的部分传统职能。机器人教师不仅支持着学生的学业指导,同时也支持着教师在虚拟环境中对学生学习状态的监测和评估。虚拟教师和现实教师组成一个将理性与感性完美结合的超级英雄团队,智慧联盟用知识的光芒照亮黑暗,用情感的温度融化冷漠,用智慧改变未来,做学生的智慧灯塔和心灵导师,为学生的成长道路保驾护航。

未来教育将突破产业界限,教师将成为跨学科、跨领域合作的桥梁。教师既是数字化教学资源的设计者与开发者、跨领域协作的促进者、学生自主学习的引导者,也是企业需求与教育的桥梁,是学生职业路径规划的指导者。同时,教师也成了终身学习者,与学生们一同探索未知,共同成长。

四、人工智能的友好陪伴

人工智能将成为学生们最好的学习伙伴,随时随地提供不间断的服务,为学生答疑解惑、提供支持和鼓励。无论白天黑夜,虚拟教师会根据学生的实时学习表现和反馈,动态调整教学内容和难度,提供最具针对性的辅导和个性化的支持。虚拟学生则为学生提供了更广泛的交流与合作对象。无论来自世界的哪个角落,他们都能在虚拟的学习环境中相聚,共同攻克难题,分享智慧,培养跨地域、跨文化的沟通协作能力。

随着脑机接口、类脑计算和神经科学技术的不断进步,智能监控系统能够实时追踪学生的情感波动、压力水平和心理状态,提供即时的干预和支持,并为他们提供定制化的心理支持方案。通过虚拟现实和元宇宙等技术,帮助学生在虚拟环境中处理复杂的情感,培养学生的社交技能。借助大数据分析和智能系统,为每个学生量身定制幸福教育方案,形成一个全面化、个性化、注重实践和体验、跨学科整合且倡导终身学习的教育体系,为学生的未来发展和幸福奠定坚实的基础。

五、无界共享的知识盛宴

在数字化思维的引领下,教育将打破地域和国界的限制,形成一个全球教育资源互联互通的宏大平台,全球优质教育资源得以跨越国界的限制实现共享,教育公平不再是遥不可及的梦想。无论身处何处,学生们都能享受到优质的教育资源,满足不同的学习需求。在这个过程中,每个人都可以成为知识的创造者、传播者和受益者,共同推动人类文明的进步和发展。

智能+教育的深度融合,打破了地域、时间的限制,催生出更加丰富多元和创新的教育模式。人工智能与自然语言处理技术构建的无障碍语言沟通系统将成为连接世界的桥梁,通过跨地域、跨文化的在线合作学习项目和学术交流活动,使来自全球的同龄人共同探讨问题、合作完成任务,使世界顶尖学府的学生同堂竞技。不同文化背景的学生可以相互学习,增进理解,共同推动文化的多样性和包容性。

六、基因解锁的最强大脑

当生物基因技术如同魔法般渗透进我们生活的方方面面时,教育领域也将迎来一场前所未有的基因革命。一块轻薄的"智慧芯片"内置了最新的基因优化学习程序,会根据学生的基因特点定制一份专属的学习计划。通过基因智能监控分析,教师们能准确捕捉到每位学生的潜能和兴趣点。未来的学习将不再局限于人类智慧,我们或许能与人工智能混血,通过基因融合技术,获得超凡的学习能力和创造力。

在未来生物基因技术的推动下,选择专业和就业将变得更加有趣和个性化,像一场充满智慧的基因寻宝游戏。学校通过基因检测,分析每一名学生潜在的职业超能力,量身打造一套个性化专业套餐,既满足学生的天赋需求,又兼顾学生的兴趣所在。未来的职场也将是一个基因人才市场。用人单位会通过学生的基因分析报告,寻找最适合岗位的基因型人才。每个人都在了解自己的基础上,更加自信地选择适合自己的道路,充满无限的可能和惊喜。

七、教育与科技和谐共生

随着科技的飞速发展,教育的更新换代也将变得越来越快,未来的教育之路并非坦途,技术伦理、数据安全、人机关系等问题仍需我们共同面对和解决。教师和学生都需要不断地学习和适应新的技术和教学方法。虚拟学习空间可能会导致学生们缺乏真实的社交体验。过度依赖虚拟互动会影响学生的人际交往能力和心理健康。数据安全与隐私保护存在威胁,包括学生数据隐私泄露、人工智能算法偏见等。信息爆炸、技术更新和与虚拟世界的不断交互,会导致师生心理负担加重,引发焦虑、抑郁等问题。人机界限难以界定,个人自主权可能会受到侵犯,技术可能会遭到滥用。

因此,如何在科技与人文之间找到平衡,防止教育沦为纯粹的技术驱动的知识传输过程,加强技术监管与伦理审查机制建设,将是未来教育面临的一个重要课题。但请相信,随着科技的不断进步和人类智慧的日益璀璨,我们终将找到教育与科技和谐共生的最佳模式。作为教育的引领者和推动者,我们也将肩负起更大的责任,为创造一个更加美好的教育未来而努力奋斗。

八、星辰大海,等你来征服

亲爱的朋友,当你读完这本书,是否对未来的数字化教育充满了无限遐想和期待?这一切并非遥不可及,它正一步步向我们走来。作为教育事业的参与者、见证者,甚至是引领者,让我们携手并进,用数字化思维这把钥匙,开启通往未来教育的新纪元。

相信在我们的共同努力下,未来的教育一定会像一颗璀璨的明星,照亮人类前进的道路。

参考文献

[1] 本刊编辑部.把握数字化契机 推动现代职业教育高质量发展:专访教育部职业教育与成人教育司司长陈子季[J].中国职业技术教育,2022(13):5-11.

[2] 韩锡斌,李米雪,郭文欣.以数字化战略赋能职业教育的新突破:2024年职业教育数字化研究与实践新进展[J].中国职业技术教育,2025(2):39-48+75.

[3] 邓小华,梁思鹏,江俊滔.职业院校数字化转型的价值理念、行动框架与实施路径[J].职教论坛,2023,39(9):30-38.

[4] 张甜,邹恒华,邵炜晖,等.基于大数据数仓的高校数据治理探索:以同济大学为例[J].现代教育技术,2023,33(9):118-125.

[5] 焦晨东,黄巨臣.职业教育数字化转型的实践类型及其启示:来自美、德、澳三国的多案例研究[J].中国职业技术教育,2022(33):11-21+29.

[6] 蒋永林,李乾.高职院校数字化资源建设与应用创新实践研究[J].中国教育信息化,2022,28(11):123-128.

[7] 侯君,李千目.信息技术与治理双向赋能高校教学:从填平"数字鸿沟"到补齐高质量发展"短板"[J].中国大学教学,2022(5):43-50.

[8] 许建领,江涛,魏明,等.职业教育数字化转型:深圳职业技术大学的探索与实践[J].高等工程教育研究,2023(6):1-8.

[9] 赵丽涛.思想政治教育数字化转型的范式构建与优化逻辑[J].思想理论教育,2022(2):46-51.

[10] 祝智庭,胡姣.教育数字化转型的实践逻辑与发展机遇[J].电化教育研究,2022,43(1):5-15.

[11] 赵健.技术时代的教师负担:理解教育数字化转型的一个新视角[J].

教育研究,2021,42(11):151-159.

[12] 霍丽娟.数字化转型时代职业教育学习空间设计的理念、框架及策略[J].职业技术教育,2021,42(10):25-31.

[13] 邵春堡.未来发展:从数智经济到共享社会[M].北京:中信出版社,2023.

[14] 刘革平,罗杨洋,韩锡斌.职业院校数字校园中的数据治理探究:《职业院校数字校园规范》解读之五[J].中国职业技术教育,2021(4):32-38.

[15] 韩锡斌,周潜,李铭.职业教育教师发展手册[M].北京:清华大学出版社,2023.